KB253069

일신서적출판사

머리말

　에티켓(etiquette)을 우리말로 하면 예의범절(禮儀凡節)·예법(禮法)이다. 그러므로, 에티켓이나 예의가 그 정신과 본질에 있어서는 하등 다를 바가 없다. 그러나, 그 내용에 있어서는 사회의 변천 과정이나 생활양식이 다른 서양식 에티켓과 동양식 예의와는 분명한 거리가 있다.

　개인주의(個人主義)가 극도로 발달한 서양에서는 에티켓이 개개인의 개성(個性)을 존중하는 데에 중점을 두는 예법임에 반하여, 우리나라를 비롯한 동양에서는 유학 사상(儒學思想)의 영향으로 봉건사회(封建社會)가 오랫동안 지속되어 왔기 때문에 충효(忠孝)가 예의의 근본이 되어 왔다.

　그러나, 동서고금(東西古今)을 불문하고 에티켓(예의)의 근본정신은 같다고 하겠다. 즉 에티켓의 5대 근본정신은 동서양이 따로일 수는 없는 것이다.

1 남에게 폐(弊)를 끼치지 않는다. : 다른 사람이 싫어하는 일, 부담을 느끼는 일, 손해를 보는 일 등은 하지 않는 것이 에티켓의 첫째 조건이다.

2 남의 인격(人格)을 존중한다. : 자기에게는 엄하고, 다른 사람에게는 관대함으로써 상대방의 기분을 좋게 하는 것이 참다운 에티켓이다.

3 겸양심(謙讓心)이 있어야 한다. : 남에게 겸손한 태도로 사양하는 마음의 미덕(美德) 없이는 에티켓이 무르익지 않는다.

4 언어의 과부족(過不足)이 없어야 한다. : 지나치게 말을 늘어놓는 것도 실례이지만, 할 말을 못하여 우물쭈물 하는 것도 올바른 예절이 아니다.

5 몸가짐·행동이 단정해야 한다. : 제 아무리 훌륭한 말, 아름다운 마음씨를 지녔다 해도, 그 몸가짐이나 행동이 단정하지 못하면 참된 에티켓에 이를 수가 없다.

한마디로 '에티켓' 하면 간단한듯하지만 그 범위는 우리 생활의 모든 부문에 걸치며, 일상생활에 있어서 큰 비중을 차지한다. 그러므로, 에티켓 밝은 사람은 처세(處世)도 순조롭다. 그래서, "예의 앞에는 악마의 마음도 움직일 수 있다."는 말도 있는 것이다.

그런데, 이러한 에티켓은 마음만으로 되는 것이 아니고 그 사람의 교양(敎養)과도 밀접하게 통한다. '에티켓=교양' 이라고도 할 수 있다. 그러므로, 평소에 교양을 쌓는 일이 바로 올바른 에티켓에 이르는 길임을 잊어서는 안 되겠다.

그러나, 에티켓도 그 도(度)가 지나치면 안 된다. 공자(孔子)가 이르기를 "정중함도 그 예(禮)가 지나치면 고통이 되고, 신중함도 그 예가 지나치면 비겁함이 된다."고 했듯이, 에티켓도 상대방에 따라 또는 상황에 따라 적절히 이루어져야 자연스러운 것이다.

이 책에서는 옛 예절과 현대의 에티켓이 조화되도록 설명하였다. 옛것이라 하여 무조건 멀리 할 것도 아니요, 새 것이라 하여 그저 맹종하는 것도 옳은 일이 아니다. 받아들일 일과 버려야 될 일들을 과감히 선별하여, 오늘을 지혜롭게 사는 현대의 '새로운 에티켓' 을 우리 함께 생각해 보고, 정립해 보려고 하였다.

"인생은 늘 예의를 지킬 여유 없을 정도로 짧은 것은 아니다."라는 에머슨(Emerson, Ralph Waldo)의 말이나, "예의는 자기 자신을 비추는 거울이다."라는 괴테(Goethe, Johann Wolfgang Von)의 말을 음미하면서, 교양 있는 인간, 사랑 받는 인간이 되도록 힘쓰자.

예의 바른 생활은 선(善)으로 통하는 길이므로.

엮은이 모 경 준

1장

고운 말, 올바른 대화

말〔言語〕의 훈련

우리는 쉽게 그저 한마디로 '말'이라고 하지만, 그 내용과 형식에 따라 여러 가지가 있는 것이 '말'이다.

여러 사람에게 찬동과 공명(共鳴)을 구하며 감동을 주려는 웅변도 있고, 어떠한 내용을 전달하며 설명하고 가르치려는 강의·연설도 있으며, 또 우리 일상생활에서 아무 부담 없이 나누는 이야기 등 여러 가지이다. 그러나, 이러한 말에 익숙해지려면, 또한 말을 완벽하게 구사(驅使)하려면 상당한 훈련과 노력이 필요하다.

공중(公衆) 앞에서 청중의 마음을 마음대로 움직이는 대 웅변가 일지라도 어떤 좌담이나 대화에서는 서투른 사람도 있고, 청산유수(青山流水)와 같던 아나운서도 일반 대화에서는 '꿀 먹은 벙어리'가 되는 수도 있다. 그러므로, 가장 기본적인 대화법(對話法)을 익히는 것이 중요하다.

1. 어 조 (語調)

● 자연스럽게

다른 사람이 하는 말을 듣고 있노라면 경우에 따라서는 어떤지 회떫고 시큰둥하게 들리는 경우가 있다. 그 이유야 여러 가지가 있겠지만, 대체로 그 이야기가 자연스럽지 못하고 진실되지 못한 점이 첫째 원인이다.

말을 자연스럽게 하려면 우선 그 마음이 진실되고 허식이 없어야 한다. 상대방을 웃겨 보겠다든지 울려 보겠다는 속마음이나, 다른 사람보다도 앞서서 인기를 끌어 보겠다는 다른 생각이 앞서면 그 대화에는 어딘가 허점이 생겨서 싱거워 질뿐더러, 그가 하려고 하는 말의 참뜻도 흐려지게 된다.

결코 상대방을 얕잡아 보아서는 참된 대화를 할 수가 없는 법이다. 그렇다고 너무 신중을 기하는 것도 바라직하지 못하며, 특히 감정을 앞세우는 것은 금물이다.

그리고, 슬픈 이야기를 할 때 자기가 먼저 눈물을 흘린다든지, 또 우스운 얘기를 채 하기도 전에 자기가 먼저 웃어버리면 이것 또한 싱겁기 짝이 없는 노릇이다.

● 특색 있게

우리가 눈을 감고서도 상대방의 나이 · 고향 등을 짐작할 수 있는 것은 말에는 개성(個性)이 있기 때문이다.

대화하기 전에는 미리 자기가 어떤 처지에서 지금 누구와 무엇을 말하려는지 를잘 파악하여, 자기가 아니면 불가능한 특색 있는 어조(語

調)를 생각해 두어야 한다.

그 이야기의 내용이 비록 지루하더라도 특색 있는 말 한마디로써 전체 분위기를 생기 있게 할 수도 있으며, 품위 있는 유머 한 마디쯤을 섞어도 대화는 자연히 즐겁게 마련이다. 그리고, 또 쉽게 잊혀지지 않는 법이다.

● 성실하게

‘청산유수(靑山流水)’도 좋고 ‘미사여구(美辭麗句)’도 좋지만 말이 너무 매끄럽고 완벽하면 어쩐지 성실하게 들리지 않는 것이 우리들의 심성(心性)인 것이다.

비록 그 말의 내용 자체는 진실하다 하더라도 너무 판에 박은 듯이 거침없이 나오면, 대화에 능숙하지 못한 상대방은 더욱 ‘꿀 먹은 벙어리’가 된다. 그러므로, 진실한 내용의 말일수록 보다 더 성실하게 대화하는 자세가 필요하며, 그래야만 상대방도 성실하게 이야기를 나눌 기회를 갖게 되는 것이다.

2. 태 도

● 제스처(gesture)는 자연스럽게

인류는 원래 말 이전에 동작으로써 의사를 소통했으며, 말은 단지 동작의 부족한 부분을 보충하기 위해 생겼다고 한다. 그러나, 역사가 진전함에 따라서 그와는 반대로 말로써 전달하는 사상·감정을 동작이 돕게 되었다. 라디오보다는 텔레비전이, 텔레비전보다는 실물을 직접 보는 편이 이해하기 훨씬 쉬운 것과 같은 이치이다.

그러므로, 우리는 말을 할 때에 손짓·몸짓을 하게 되는데, 이 제스처(gesture)야말로 자연스러워야 하며, 또 함부로 해도 안 좋다. 아무리 교양 있는 여성이라도 말끝마다 제스처를 써서 이야기가 된다면 좀 곤란하다. 어쩐지 수다스러워 보이기도 하고, 또 직업적(?)인 인상마저도 받게 된다.

그러나, 아무리 자연스런 제스처라 할지라도 에티켓에 어긋나는 수도 있다. 즉, 무엇을 부인(否認)한다든지 강력히 주장할 경우에 상대방을 손으로 친다든지, 삿대질을 한다면 이것은 에티켓을 넘어 꼴불견이라 할 것이다. 또 필요 이상으로 머리를 조아리거나, 두 손을 비비며 굽신거리는 것은 그 사람의 품위를 떨어뜨림은 물론, 비굴해 보이기까지 하며, 간사한 인상을 주게도 된다.

☞ '〜같아요'는 주체성(主體性)없는 말씨이다

우리들 말씨 중에는 언제부터인가 '〜같아요'가 대유행 하고 있다. TV 아나운서가 "시간이 다 된 것 같습니다. 그럼 다음 시간에……" 라고 하는 것을 들은 일이 있다. 그것은 "시간이 다 된 것 같아서"가 아니라, 분명 "시간이 다 되었기" 때문인데도 말이다. 또, 돈을 주고 "맞습니까?" 라고 물었더니 "맞는 것 같아요." 라니 말이나 되는가.

'같아요' 라는 말은 '〜로 짐작이 된다' 는 추측의 뜻을 나타낸다. 그러므로, 일이 분명한데도 '같아요' 라는 말을 쓰면 그 사람은 어쩐지 자신감(自信感) 없는 사람으로 느껴지고, 지나치면 주체성 없게도 보인다.

"시간이 다 되었습니다." 또는 "맞습니다."로 분명히 말하면 의사(意思)를 전달함에도 철저하여서 좋고, 또 이런 사람은 주체성(主體性) 있고 사리(思理) 뚜렷한 사람으로 보여 믿음직스럽게 된다. 그러므로, 적어도 '같아요' 등의 말은 쓰지 말자.

● 표정은 말의 내용과 맞게

"눈〔目〕은 입〔口〕보다 말을 잘한다." 라는 말이 있다. 어찌 눈뿐이겠는가. 움직이고 있는 안면 근육, 치켜 올린 눈썹, 꼭 다문 입술일수록 말보다 더 세세하고도 미묘한 감정을 잘 표현한다.

그런데, 말의 내용과 이 표정이 일치되지 않는 경우는 의외로 많다. TV 아나운서가 KAL기 추락 사건을 보도하면서 그 얼굴은 아주 평온하다면 되겠는가. 애수(哀愁) 담뿍 깃든 가요를 부르는 미소 띤 가수의 모습을 우리는 종종 TV를 통해 볼 수 있다.

그러나, 연인끼리 정다운 이야기를 나눌 때 깊이 있는 눈길을 보낸다든지, 즐거운 이야기를 할 때 눈을 맑게 뜨고 활짝 웃는다든지, 또는 무서운 일을 말할 때 눈을 동그랗게 뜨고 어깨를 흠칫 움츠린다면 이것은 에티켓이라기보다는 더 할 수 없는 매력이 된다.

제스처(gesture)도 없고, 게다가 얼굴 표정마저도 없이 이야기만 늘어놓는다면 그 내용이 아무리 진실 되고 재미있더라도 그것은 반감(半減)이 될 것이다. 그렇다고 하여 얼굴 표정을 애써 억지로 지으라는 것은 아니다. 진심어린 말을 하노라면, 또한 진실된 사람이라면 애써 노력하지 않아도 그 표정은 자연히 말과 맞아떨어지게 마련이다.

파스칼(B. Pascal)은 "마음을 평화롭게 가져라. 그러면 그대의 표정도 평화롭고 자애로와질 것이다."라고 하지 않았던가.

3. 목소리

목소리는 선천적인 것이므로, 음성점(音聲占)으로써 그 사람의 운수를 점치기도 하고, 성문(聲紋)으로써 그 개인의 특성을 알아내기도 한다. 그만큼 목소리는 사람에게 소중한 것이다.

그러나, 목소리를 일부러 아름답게 꾸밀 필요는 없다. 노래 공부하듯 발성법(發聲法)으로써 목소리를 다소 고칠 수 있다고는 하지만, 목소리=개성(個性)이므로 신경을 쓸 일은 아니다.

다만, 음량(音量)에 대해서는 마음을 써야 한다. 민도(民度)가 낮을수록 목소리가 크고, 도시인이나 민도가 높을수록 말소리가 작은 경향이 있다는 연구 보고가 있다. 그러나, 여성이 특히 남성에게 너무 목소리 작게 속삭이듯 하는 것도 좀 생각해 볼 문제이다. 크게 말할 때는 목소리를 크게 하되 너무 열을 올리지 말라는 것이며, 목소리를 작게 하더라도 상대방이 알아들을 수 있을 정도로 차분하고 우아하게 말하라는 것이다.

4. 용어(用語)

● 표준어를 쓴다

장소나 상대방을 가리지 않고 자기 고향의 사투리를 마구 쓴다고 해서 애향심(愛鄕心)을 나타내는 것은 아니다. 사투리는 그런 대로 그 사람의 개성을 나타내며 또한 구수함을 주는 것도 사실이긴 하다. 그러나, 여러 사람이 모인 사교 장소에서라면 가급적 표준어를 써야겠다. 왜냐하면, 표준어는 그 민족을 대표하는 말이기 때문이다. 특히 우리나라의 사투리는 지방색(地方色)을 나타내는 경우가 많으므로 삼가는 것이 좋다.

표준어의 원칙은

① 서울말이어야 하고

② 현대 말이어야 하며

③ 중류급의 말이어야 한다.

신문·방송 등에서 쓰는 말은 이 표준어 원칙에 맞는 말이므로 이에 준하면 무난하다.

그러나, 같은 고향 사람이라면 구태여 사투리를 버리려고 할 필요는 없다. 오히려 사투리를 씀으로써 보다 정다움을 나눌 수 있을 것이다.

● 우리말을 쓰자

오늘날은 외래어(外來語)의 홍수 시대이다. 특별히 외래어가 우리말화(化)하여 굳어진 것은 어쩔 수 없다. 예컨대, 파마·TV·넥타이·라이디…… 그러나, 문제는 외래어를 많이 써야 유식해 보인다는 풍조이다. 게다가 상대방이 잘 알지도 못하는 외래어를 마구 말하는 것은 에티켓에 어긋날 뿐만 아니라, 그 사람의 교양 정도를 의심하게까지 한다. 한자어(漢字語)도 마찬가지이다.

쉬운 우리말로 표현한다고 해서 품위가 떨어지는 것은 아니다. 오늘날과 같이 외래어가 범람하는 시대에는 오히려 순우리말을 사용함으로써 보다 고상하게 보인다. 그렇다고 해서 유치원생이나 초등학생들에게 하는 식으로 말하라는 것은 아니다.

외래어를 쓰더라도 그 뉘앙스가 꼭 외래어 아니면 안 될 경우에는 우리말과 적절히 섞어 쓰면 더욱 세련미가 넘칠 것이다.

● 말뜻을 올바르게

어휘가 풍부한 사람은 그만큼 지식이나 교양 정도가 높다고 할 수 있다. 그러나, 그 뜻을 잘못 알고 쓴다면 말하지 않는 것만 못하다. 특히, 같은 낱말이라도 그 뉘앙스가 달라지는 경우는 흔하다.

그러므로, 같은 낱말이라도 상대방에 따라 쓰지 말아야 할 경우도 있으니 이점을 조심하도록.

대화(對話)의 실제

1. 대화

제아무리 말솜씨가 능란하다 하더라도 에티켓을 모르면 그 대화는 실패다. 차라리 말솜씨 그 자체가 서툴더라도 에티켓에 어긋나지 않는 편이 훨씬 더 상대방에게 호감을 주게 된다.

● 화제(話題)의 선택

화제가 빈곤하면 그 대화는 성립되지 않는다. 반대로 화제가 너무 풍부하면 화제가 빈곤한 상대는 말문이 막히게 된다. 화제는 많이 가지고 있는 것이 좋되, 상대방에 따라 적절히 구사해야 효과가 있다.

화제를 선택할 때에는 상대방의 나이, 직업, 환경, 지식, 교양, 취미, 성격 등을 미리 염두해 두어야 하며, 대화하는 시간, 장소도 아울러 고려하는 것이 좋다.

● 화제 선택의 요령

① 자기 신변의 얘기만 늘어놓지 말 것.

자기에게는 흥미롭고 절실한 문제일지라도 상대에 따라서는 따분할 경우도 많다. 그렇다고 자기 주변에 대한 이야기는 한마디도 하지 않는다면 상대방을 경계한다는 인상을 주기도 쉽고, 또 친밀감이 없어지기도 한다.

② 남의 험구를 삼갈 것.

다른 사람들의 스캔들은 으레 화제의 대상이 된다. 그러나, "우리끼리 이야기지만……" 하는 식으로 남의 비밀이나 인신공격을 하면 상대방으로부터 '믿지 못할 친구'라는 인상을 준다. '이 사람은 다른 사람 앞에서도 내 이야기를 이런 식으로 하지 않을까' 하는 생각을 주게 되는 수가 많다.

③ 상대방에게 열등감을 줄 이야기는 피할 것.

올드미스 앞에서 남의 결혼 이야기를 한다든지, 교육 정도가 낮은 사람 앞에서 대학에 관해 이야기하는 것은 상대방의 자존심을 상하게 한다.

④ 돈에 관한 이야기는 피할 것.

돈이란 많으면 좋은 것이지만 없는 사람에겐 그리 유쾌한 대상이 아니다. 제아무리 부(富)하다 하더라도 상대방이 자기보다 더 부자라면 가소롭게 들린다. 어쨌든 돈은 우리에게 없어서는 안 될 것이지만, 대화에서 돈 이야기만은 피하는 것이 무난하다.

⑤ 전문 분야에 관한 이야기는 피할 것.

지나친 지식 위주의 전문적인 이야기는 대화를 딱딱하게 하기 쉽다. 특히, 철학적인 문제, 정치 문제, 특정 종교 문제, 또는 어려운 첨단 과학 문제 등은 가급적 피하고, 그저 보편성 있는 우리 주위의 흔한 문제를 화제로 삼는 것이 무난하다.

⑥ 너무 꼬치꼬치 묻지 말 것.

대화 도중에 말을 막고 자꾸 묻는 것도 에티켓에 어긋난다. 모르는 부분이 있더라도 때로는 그냥 넘어가야 다음 대화가 끊기지 않는다. 또, 상대방의 신변에 관해 지나치게 꼬치꼬치 묻고 넘어가려는 태도는 아주 나쁘다. 약간의 호기심 정도를 간직해 두는 것도 아름다움이 아닐까.

⑦ 궁상을 떨지 말것.

사람만 만나면 자기의 궁색한 처지를 마치 자랑이라도 되는 듯이 떠드는 사람이 많다. 자기를 낮추는 것은 동양적인 겸손의 미덕일지는 모르나, 자기가 궁색하다는 것은 결코 자랑이 아니다. 궁상을 떨면 상대방은 겉으로는 동정하는 듯하지만, 그 대화에서 빨리 떠나고 싶어지는 법이다. 유쾌하지 않은 이야기를 오래 듣기 좋아하는 사람은 없으니까.

⑧ 불결한 화제는 피할 것.

특히 식사 중에는 불결한 내용의 이야기를 꺼내어서는 절대로 안 된다. 불결한 내용은 그것이 아무리 진실·절실하다 하더라도 상대방에게 유쾌한 기분을 줄 수는 없다. 가급적이면 맑고 깨끗한 이야기를 꺼내면 그 대화 또한 청명(淸明)해진다.

● 대화의 포인트

① 상대방의 눈에서 가슴까지의 사이에 눈길을 보내면서 분명하게 말할것.

고개를 숙이고 말하면 어쩐지 죄지은 사람같이 느껴지고, 눈길을 피하면서 말하면 거짓말하는 듯 하여 불쾌해진다. 그렇다고 해서 상대방의 눈을 쏘아 보는 듯이 너무 똑바로 쳐다보며 말해도 당돌하고 건방지게 느껴진다. 특히, 상대방의 코가 지나치게 크다든지, 대머리라든지 할 경우에는 그곳에 시선을 자주 보내는 일이 없도록. 가장 좋은 방법은, 상대방의 눈에서 가슴까지의 사이에 눈길을 보면서 자연스럽게 말하되, 용건이 분명한 말을 할 때에는 상대방의 눈동자를 똑바로 쳐다보

> **🙂 '자기(自己)'라는 호칭**
>
> 언세부터인지는 분명치 않으나, '자기'라는 말이 유행어가 되었다. "자기 지금 나보고 뭐라고 했지" 등 자기가 범람하고 있다. 특히, 젊은이들 사이에⋯⋯
>
> '자기'라는 말은 원래 '나·제 몸'을 뜻하며, 또 어떤 사람을 말할 때 '그'를 도로 가리키는 말이다. 그러나, 오늘날 흔히 쓰는 '자기'는 그 어법(語法)도 어긋나고, 또 의미도 정확히 통하지 않으므로 사용하지 않는 것이 좋다. '자기' 대신에 이름을 부르는 것이 좋겠다.
>
> "자기가 자기한테 해 봐."
>
> 이런 식의 말이 좋게 들리는가.

며 또렷하게 말하라는 것이다. 왜냐하면, 상대방이 당신의 용건을 이해했는지 아닌지를 그 눈의 표정으로 알 수 있을 것이기 때문이다.

② 갑자기 화제를 바꾸거나 상대방의 말을 가로막지 말 것.

상대방이 열심히 이야기하는데 그 말을 불쑥 가로막고 자기가 하고 싶은 이야기를 꺼낸다는 것은 좀 지나치게 표현하면 상대방의 인격을 무시하는 일이 된다. 아무리 잡담이라 할지라도 이런 일은 삼가야 한다. 또한, 비록 의견이 엇갈릴지라도 일단 상대방의 이야기를 다 듣고 난 후에 자기의 반론(反論)을 기분 상하지 않게 펴는 것이 에티켓이다.

③ 적당히 맞장구치는 것도 좋다.

"그렇죠……" 또는 "아무렴……", "그래서요……" 등의 맞장구를 쳐 주면 상대방은 애기하기가 더 쉬워지며 흥이 나기도 한다. 입을 꼭 다문 채 가만히 앉아 무표정하게 듣고만 있는 다면 상대방은 '이 사람은 도대체 내 말을 어떻게 생각하나?' 하는 궁금증과 초조감을 느끼게 된다. 말을 잘하는 사람은 상대방의 말을 잘 듣는 사람이되, 적당히 맞장구칠 줄도 안다면 훌륭한 대화의 자격이 있는 사람이다.

④ 이야기 도중에 무릎을 꼬거나 팔짱을 끼지 말 것.

아무리 다정한 사이라도 삼가는 것이 좋다. 첫째 거만해 보이며, 그 이야기에 별 흥미 없는 듯한 느낌을 주기가 쉽다. 특히, 여성이 남성의 애기를 들을 때는 절대로 삼가도록.

⑤ 그날의 조간(朝刊)신문을 읽어 두는 것도 요령이다.

평교(平交)사이의 대화라면 대개는 그날, 또는 전날의 사건이나 일들이 화제의 대상이 되는 수가 많다. 그러므로, 매일 아침 신문 정도는 읽고 집을 나서는 것이 좋다. 그리고, 첫마디는 아주 평범하고도 자연스럽게 "오늘은 날씨가 퍽 좋군요." 정도로써 실마리를 푸는 것이 좋다.

● 주의해야 될 높임말의 실제

우리말에서 제일 까다로운 것이 바로 높임말이다. 높임말은 상대방의 행동 또는 소유물을 자기의 그것과 구별해서 경의를 표하자는 데에 그 목적이 있다고 하겠다. 예를 들면, 앞의 말은 옳지 않은 말이니 뒤의 말을 쓰도록 하자

① 선생님이 보내 준 편지 : 선생님께서 보내 주신 편지

② 전화로 연락해 줄 테니 : 전화로 연락해 드릴 테니

③ 내 이름은 선생님 이름과 같은 : 제 이름은 선생님 성함과 같은

④ 나, 내가, 우리 : 저, 제가, 저희

⑤ 누굽니까? 어떤 사람 : 누구십니까? 어느 분

⑥ 찾아보러 가겠습니다 : 찾아뵈러 가겠습니다

⑦ 그런 일은 못합니다 : 그런 일은 어렵습니다

⑧ 모르겠는데요 : 잘 모르겠습니다만

⑨ 좋아요 : 잘 알았습니다

⑩ 해 주시오 : 부탁드립니다

⑪ 안 되겠소? : 좀 힘써 주실 수 없겠습니까?

⑫ 또 한 번 오시오 : 다시 한 번 들러 주시기 바랍니다

⑬ 무슨 일이오? : 무슨 용무이십니까?

⑭ 손님이 말한 대로 : 손님께서 말씀하신 대로

이 밖에도 예를 들자면 한이 없다. 그러므로, 이런 높임말은 한꺼번에 전부 외울 수는 없다. 평소에 꾸준히 갈고 닦아야 될 일이다.

경우에 따른 대화의 요령

1. 초면(初面)의 대화

① 긴장을 풀 것.

처음 만났을 때 딱딱하게 긴장되는 것은 자의식(自意識)의 과잉 상태를 뜻한다. 즉, 자기 자신에 대해 지나치게 조심스런 태도를 취하는 것이다. 그러나, 상대방도 역시 이런 상태일 것이므로 자기 자신부터 먼저 긴장을 풀고 가벼운 화제를 대화의 대상으로 삼는 것이 좋다.

② 자기를 의식치 말고 화제에 대해서만 신경을 쓸 것.

자기 자신이 지나치게 긴장되면 엉뚱한 화제를 꺼내어 대화를 빗나가게 하는 수가 많다. 상대방의 태도를 살피지 말고 자기가 꺼낸 화제에 정신을 집중하여 진실되게 이야기하노라면 차츰 자연스런 대화가 이루어진다. 이 화제 저 화제 마구 늘어놓으면 상대방은 당황하게 된다.

③ 상대방의 말을 귀담아 들을 것.

상대방의 이야기를 열심히 귀담아 듣는 것, 이것이야말로 훌륭한 대화의 첫째 조건이다. 상대방의 얘기를 잘 들어야 자기의 이야기 내용도 그것과 빗나가지 않게 된다.

④ 상대방의 말에 가벼운 반응을 보일 것.

제 아무리 자신 있게 말한다고 해도 듣고 있는 상대방이 목석(木石)처럼 무표정·무반응이라면 말하는 사람은 회의·실망을 느끼게 된다. 그러므로, 상대방의 이야기 내용에 따라서 적절한 반응을 보임으로써 그 얘기에 관심이 있음을 표시해야 한다. 이런 때는 가급적 표정으로써

〔예컨대, 머리를 끄덕인다든지, 눈을 동그랗게 뜨고 놀라움을 표시한다든지 등〕하고, 상대방의 이야기를 가로막는 말은 하지 않는 것이 옳은 일이다.

⑤ 공통의 화제를 구할 것.

농사하는 사람에게 인공위성 이야기를 꺼내는 것은 어리석은 일이다. 그 사람에게는 날씨 문제, 비료 문제, 곡가 문제 등의 화제를 올리는 것이 좋다. 이래야만 보다 친근한 대화를 이끌어 갈 수 있을 것이다.

⑥ 이야기 도중에 시선(視線)을 주의할 것.

대화하면서 상대방의 눈을 정면으로 쏘아보는 것은 실례이다. 눈에서부터 가슴까지 사이에 눈길을 자연스럽게 보내며 대화하는 것이 무난하다. 그러나, 사무적인 용무로 대화할 때에는 눈을 응시하여 그 사람의 반응을 확인해 두는 것이 좋다.

⑦ 반론(反論)은 신중을 기할 것.

상대방의 이야기가 아무리 타당하지 않더라도 끝까지 듣고 난 후에 기분 상하지 않게 반론한다. "그러나, 제 생각으로는 ~인 듯합니다 만, 어떻게 생각되십니까?" 정도라며 무난하다.

⑧ 남의 뒷전에서 그 사람 평(評)을 하지 말 것.

이 자리에 없는 그 사람이 아무리 나쁘더라도 상대방에게 말하는 것은 금물이다. 상대방은 '이 사람은 다른 데서도 내 말을 이렇게 하지나 않을까…' 하여 초조해지며 신용하지 않게 된다. 그리고, 소문은 꼬리를 달고 이어지게 마련이다. 그러므로, 공통의 관심사인 특정 인물에 관한 이야기 외에는 무조건 피하는 것이 좋다.

2. 칭찬의 대화

다른 사람을 칭찬한다는 것은 피차간에 참으로 기분 좋은 일이다. 그러나, 사람을 칭찬하는 일은 그리 쉽지가 않다. 나의 칭찬을 상대방이 진실로 고맙게 생각할지 어떨지 의문이다. 핵심을 떠난 지나친 칭찬은 '칭찬' 아닌 '아첨'으로 오해되어 불쾌해지는 수도 허다하다.

① 사교적인 대화에는 칭찬을 많이 할 것.

그러나, 마음에도 없는 과잉 칭찬은 삼가야 한다. 모든 대화가 다 그렇지만 진실이 결여되면 아무런 효과도 기대할 수 없다.

② 칭찬할 내용을 구체적으로 지적할 것.

덮어놓고 '좋다, 훌륭하다'고 해서는 설득력도 없고, '이 사람은 내가 무슨 일을 했는지 알기나 하는 것일까' 하는 의문을 갖게 만든다. 막연한 소재로써 칭찬하면 그저 인사치레로만 들린다. 그러므로, '무엇이 왜' 좋았는지를 구체적으로 밝혀 칭찬해야 한다.

> ### 👁 '—님'을 붙일 때
>
> 결론부터 말하자면, '선생님'에 해당되는 경우를 제외하고는 '—님'을 붙여 부르지 않는 것이 좋겠다.
>
> 우리는 흔히 직장에서 '사장님, 부장님' 등 '—님' 붙이기를 당연한 듯이 하고 있다. 그러나, '장(長)'이라는 말에는 '님' 이상의 경의가 포함되어 있는 만큼 '님'을 붙이지 않아도 좋다.
>
> 그러나, 우리의 현실은 이렇지가 않다. 손아래 부하가 자기 상사에게 그저 '○○○사장, △△△부장'이라고 불렀다가는 상사로부터 괜한 미움을 사게 된다. 그러나, 이런 일(잘못된 일)에 구애 받지 않는 것도 현명한 현대 여성의 취할 바 태도이다. 그리고, 상사들도 아래 직원으로부터 꼭 '님' 자(字) 대접을 받으려는 사고방식을 버려야 될 줄로 안다.

③ 상대방의 특징적인 장점을 부각시킬 것.

누구에게나 단점은 있지만 장점 또한 한둘은 있을 것이다. 그 장점을 포착하여 칭찬하되, 상대방의 장점이 전혀 독특한 것임에 관심을 두는 자세를 취하도록 한다.

④ 너무 노골적인 칭찬의 표현은 피할 것.

모든 일이 다 그렇지만 칭찬도 그 정도가 지나치면 오히려 역효과이다. 너무 노골적인 표현으로써 칭찬하게 되면 상대방은 계면쩍어질 수도 있으며, 아첨하는 듯한 인상을 주기도 쉽다.

⑤ 칭찬은 상대방에게 격려의 뜻이 되도록 할 것.

칭찬이 그저 인사치레 정도의 의미밖에 주지 못한다면 아무 소용이 없다. 칭찬은 곧 상대방을 격려해서 일이 잘 되도록 유도하는 데에 진정한 의미가 있는 것이다. 말하자면 세상사를 긍정적으로 해석하기 위한 것이다. 그러므로, 가장 진지하게 맑은 목소리, 감동어린 표정으로 칭찬해야겠다.

3. 남성과의 대화

① 남성은 우선 여성에게 말을 시키려 할 것이다. 무엇이든 말하고 싶어 하는 여성의 심리를 그들은 잘 알고 있기 때문이다. 이런 때에는 먼저 얘기를 시작하되, 아주 평범한 주위의 일들을 화제로 삼아서 차분하게 풀어 나가는 것이 좋다. 너무 까다롭거나 무거

운 화제로부터 시작하면 남성의 첫인상은 심각해져서 좋지 않다.

② 남성이 자신 있게 대답할 수 있는 질문을 한다. 이러기 위해서는 평소부터 상대방의 취향이나 교양 정도를 체크해 두는 것이 좋다.

③ 정면으로 비판하거나 말대꾸하는 듯한 매너는 좋지 않다. 남성이 화제에 대해 자기 의견을 내세우고 여성이 그것을 듣는다면 그것은 이미 어느 정도 사교가 이루어진 상태 또는 그 말에 긍정하는 상태라고 해도 좋다. 그러므로, 그때까지의 노력을 무산시키는 도전적인 비판이나 말대꾸하는 듯한 태도는 삼가고, 정중하게 자기의 의견을 개진하는 것이 바람직하다.

④ 남성의 얘기에 크게 동조하여 즐거운 표정을 짓는다. 이렇게 하면 남성은 보다 더 얘기하고 싶어질 것이다. 상대 남성의 말을 많이 들을수록 그 사람에 대한 파악이 쉽다.

⑤ 여성은 소심한 반면 남성은 대담하다. 그래서, 남성은 얘기를 너무 직선적으로 빨리 끌고 갈 우려가 있다. 이런 때는 우선 진심을 보이도록. 이쪽에서 어떤 관심을 가지고 있는지를 솔직히 나타내면 남성 또한 차분히 자기의 진심을 보일 것이다.

⑥ 자존심을 앞세우지 않는다. 아무래도 남성은 여성보다 조금은 더 우월감을 가지고 있게 마련이다. 그러므로, 가급적이면 남성보다 더 많이, 깊이 아는 체하는 것은 금물이다. 상대의 지식수준을 완전히 파악하고 있지 못하면서 자기의 지적(知的)수준을 과시한다든지 해박한 상식을 피력하려고 익숙치 못한 화제를 꺼냈다가는 실패하는 경우가 많다.

2장

정중한 전화의 에티켓

우리의 사회생

활 중에서 전화사용만큼 중요하고 또 에티

켓을 요하는 것은 없다. 문학 평론가인 이어령(李御寧) 교

수는 "악마의 발명품―전화가 발명되면서부터 보기 싫은 자도

피할 수 없는 세상이 되었다."라고 했듯이, 서로 대면(對面)하지

않고 대화가 이루어지는 까닭에, 전화는 편리하면서도 그만큼 더 에

티켓이 요구되는 것이다.

전화 대화의 기본 룰(rule)

1. 전화를 받을 때

① 벨이 울리면 곧 수화기를 든다.

② 전화 받는 쪽의 이름이나 입장을 명확히 한다.

③ 적절하게 맞장구를 쳐 준다.

④ 자기의 소관이 아닌 경우에는 담당자를 바꿔 준다.

⑤ 담당자를 찾으려 할 때에는 보류를 시켜둔다.

⑥ 수화기로부터 될 수 있는 대로 귀를 떼지 않도록 한다.

⑦ 전화를 받으면서 동시에 다른 일을 하지 않는다.

⑧ 사무적인 일이라면 요점을 복창하고 확인한다.

⑨ 상대의 말을 기억하려 하지 말고 항상 메모하는 습관을 기른다.

⑩ 상대의 얼굴이 보이지 않더라도 항상 면접(面接)대화하는 기분으로 전화를 받는다.

⑪ 고객으로부터의 전화라면 '고맙습니다' 를 연발한다.

⑫ 자세히 모르는 내용의 전화는 "조금 후에 다시 걸어 드리겠습니다."하는 편이 꾸물대는 것보다는 낫다.

⑬ 외출 중인 사람을 찾는 전화라면 메모하여 전해 준다.

⑭ 전화를 다 받았으면 수화기를 조용히 놓는다.

⑮ 잘못 걸려 온 전화일수록 더 친절하게 전화번호를 말한 후 끊는다.

2. 전화를 걸 때

① 용건을 잊지 않도록 전화 걸기 전에 메모하고 체크해 둔다.

② 그 용건에 따라서 어떤 담당의 사람을 찾을 것인지도 미리 생각해 둔다.

③ 상대가 나오면 곧 자기 이름부터 말한다.

④ 제삼자를 시켜서 전화 거는 일은 되도록 삼가되, 그랬을 경우에는 상대가 나오기전에 자기가 먼저 수화기를 들고 기다린다.

⑤ 상대를 확인한 후 우선 듣기 좋은 인사를 한다.

⑥ 통화(通話) 중에는 '여보세요' 라는 말은 삼간다.

⑦ 말은 또렷하고 알아듣기 쉬운 말을 사용한다.

⑧ 뜻이 모호한 한자어(漢字語)나 외래어는 가급적 피한다.

⑨ 요점은 반복해서 말하여 강조, 확인한다.

⑩ 수화기를 놓기 전에는 아무리 바쁘더라도 마지막 인사를 잊지 않는다.

⑪ 전화기 옆에는 항상 메모지를 준비해 둔다.

⑫ 용무가 있을 때에는 이름을 댄 후 용건부터 말한다.

⑬ 상대가 부재중이어서 대리로 받는 사람에게 용건을 전했으면, 그 전화 받는 사람의 성명을 정중히 물어 둔다.

3. 전화 응대(應對)의 체크 리스트

① 당신은 전화벨이 울리면 수화기를 곧 드는가?

② 당신은 다른 사람의 책상 위에 있는 전화도 받아 주는가?

③ 당신은 수화기를 들면 곧 자기 소속과 성명을 대는가?

④ 당신은 잘못 걸려 온 전화에 대해서도 친절하게 대해 주는가?

⑤ 당신은 용건을 간단하고 정확히 공손하게 말하고 있는가?

⑥ 당신은 통화 중에 전화가 끊기면 곧 다시 거는가?

⑦ 당신은 전화를 걸지 전에 용건을 미리 준비, 정리해 두는가?

⑧ 당신은 다른 사람에게 전화를 부탁해 놓고 자리를 비우는 일은 없는가?

⑨ 당신은 윗사람이나 동료에시 걸려 온 전화의 뒤치리를 잘 히는가?

곤란한 전화 대화

1. 상대가 이름을 말하지 않을 때

우리나라 사람들은 이상할 정도로 자기 이름을 밝히는 것을 꺼려한다. 특히 전화에 있어서는 더욱 그러하다. 무슨 죄를 지은 것도 아닌데 좀체로 이름 대기 '를' 싫어한다. 그래서, "난데, △△△있어?" 등과 같이 '나'가 통(通)하게 되어 있다.

이럴 경우에는 상대방의 에티켓을 그냥 탓하고 있을 수만도 없고, 그렇다고 무턱대고 누구를 바꿔 줄 수도 없는 곤란한 입장에 처하게 된다.

"어느 분이라고 전해 드릴까요?"

"아, 나는 ○○○라고 합니다."

이렇게만 되면 문제가 되지 않는가.

☞ **전화를 걸든 받든 신분(身分)을 먼저 밝힌다.**

우리 생활에 가장 편리하며, 없어서는 안 될 것이 바로 전화이다. 그러나, 이 흔한 전화도 에티켓에 어긋나게 되면 불쾌해지게 된다.

전화를 건 사람은 공적(公的)이든 사적(私的)이든 자기의 신분〔이름〕을 먼저 밝히는 것이 에티켓이다. 무턱대고 "○○○씨 계십니까? 좀 바꿔 주시오."하면 무뚝뚝하고 건방져 보이기도 한다. "저는 △△△인데, ○○○씨 계십니까?"라고 하면 호감이 가게 된다. 또, 전화를 받는 쪽에서도 먼저 "여기는 □□입니다."라고 하면 전화 거는 쪽의 호감을 사게 된다.

전화가 걸려와 "저는 △△△인데, ○○○씨 계십니까?"라고 했을 때 "어디시죠?" 또는 "누구십니까?" 라고 되묻는 수가 흔하다. 그리고 상대가 "△△△입니다." 하면 그때서야 "안 계신데요."라고 잘라 말하는 경우가 많다. 이렇게 되면, 마치 이쪽의 신분 여하에 따라서 전화를 바꿔 주려는 듯한 인상을 받게 되어 불쾌하게 된다.

그러나, "아, 잘 아는 사이요. 그냥 좀 바꿔 주시오."라고 끝까지 이름을 대지 않으면,

"지금 계시지 않습니다. 어느 분이라고 전해 드릴까요?"라고 한다. 이때 "아, 그럼 다음에 다시 걸죠."하면 그것으로 그만이다.

왜냐하면, 전화로 찾는 사람이 아주 가까운 사이이거나 중요한 용건인 경우에는 자기의 신원을 밝힐 것이기 때문이다. 이름을 밝히지 않는 사람은 그저 안부정도의 전화를 건 경우가 대부분일 것이다.

2. 알아듣기 어려울 때

'잘 들리지 않는다'는 말을 상대방에게 알리도록 한다. 전화 목소리가 잘 들리지 않는다고 해서 고래고래 소리치면 에티켓에 어긋난다. 상대방은 큰소리치는 것을 들으면 불쾌해진다. 그러므로, 목소리 낮추어 또렷하게 잘 들리지 않음을 알리고 다시 걸든지 하도록 부탁한다.

대체로 상대방의 목소리가 작으면 내 목소리도 작게 들릴 것이라고 착각하여 큰소리치게 된다. 그러나, 이쪽에서 큰소리치면 전화 받는 상대방도 자기 소리기 크게 들릴 것이라고 생각하여 목소리를 더 낮추게 된다.

특히, 전화 내용을 곁의 다른 사람에게 알려서 좋을 것 없을 경우에는 더욱 낮은 소리로 이쪽의 사정이 좋지 않음을 알리는 것이 좋다.

3. 긴 전화를 빨리 끊게 하고 싶을 때

이럴 때에는 요점을 질문하거나 매듭을 지어서 말끝을 만들도록 한다. 말을 길게 늘어놓는 사람의 대부분은 요령부득이거나 그 내용이 횡설수설이다. 그래서, 중요한 핵심을 이야기하기에 앞서서 다른 얘기를 하여 빙빙 돌게 마련이다. 그러므로, 이쪽에서 먼저 이야기의 핵심을 물어보거나 결론을 매듭짓는 것이 테크닉이다. 그러나, 이것은 상당한 센스가 있는 사람에게만 통하는 일이므로, 상대방의 기분을 상하지 않도록 해야 한다.

그리고, 이쪽의 사정이 바빠졌다는 것을 알려서 끝맺음하도록 한다. 누가 찾아왔다든지, 전화가 또 걸려 왔다든지 하는 정도로…… 이것은 거짓말이 될 것까지는 없다. ‘긴 통화는 문화인의 수치’ 이므로.

4. 같은 말을 되풀이하는 전화일 때

‘알았다’ 는 대답과 상대방이 말한 주요 내용을 도로 되풀이해서 말해 준다. 소심(小心)한 사람일수록 근심이 되어서 같은 말을 자꾸 되풀이하기가 일쑤이다. 이럴 때에는 ‘아주 잘 알았다’ 는 말을 해 줌으로써 상대방을 푹 안심시키면 된다.

“저녁 일곱 시에 명동 다방에서……명동 다방에서 일곱 시에……” 등과 같이 말을 되풀이할 때에는, 이쪽에서 “저녁 일곱 시, 명동 다방…… 잘 알았습니다.”하는 식으로 확실히 되풀이해서 말하면 더는 되풀이해서 말하게 되지는 않을 것이다.

그리고, 다음 용건(用件)을 슬쩍 재촉하고, 이쪽에서 끝맺음한다. 말을 되풀이하는 사람일수록 끝맺음을 못한다. 이럴 때에는 “아, 결국은 ~이라는 말씀이군요. 잘 알았습니다. 다음 용건은 무엇인가요?”하는 식으로 이야기를 전개하고 마무리 짓도록 한다.

5. 공중 전화일 때

공중전화로써 대화할 때에는 이쪽이 공중전화임을 미리 알리는 것이 좋다. 공중전화는 시간의 제약이 있기 때문이다. 그러므로, 공중전화임을 미리 알려야 대화의 내용을 정해진 시간 안에 다 알릴 수 있다.

다른 전화도 그렇지만, 공중전화에서는 보다 더 빠르고 분명하게 요점을 피력하는 것이 중요하다. 그리고, 상대방의 이야기에 대해 ‘네, 아니오’ 식으로 간결하게 의사를 표명함으로써 시간을 벌 수 있다.

통화 중에 부득이 전화가 끊길 시간이 가까워지면 다시 전화를 걸겠다든지, 전화를 걸어 달라든지, 그 뒷 일을 분명히 해 둔다. 서로 전화가 다시 걸러 오기만을 기다리는 경우도 있고, 서로 다이얼을 돌려 ‘통화 중’ 신호만 왔다 갔다하여 시간을 허비하는 일도 흔히 있다.

이제까지 전화에 대한 에티켓 및 그 요령을 살펴 보았다. 그러나, 통화(通話)그 자체도 대화(對話)이므로, 앞에서 설명한 ‘1. 고운말, 올바른 대화’ 를 다시 읽어서 보탬이 되도록 하자.

가급적이면 점심시간 등을 이용하여 걸고, 분명한 사적인 일이라면 사무실 밖으로 나가서 개인전화를 이용하는 것이 바람직한 직장 여성의 에티켓이다. 윗사람이나 다른 동료들이 열심히 사무를 보고 있는데 사적인 용무로 전화를 거는 것 자체가 잘못이며, 게다가 통화 내용도 길고 그 내용 또한 잡담이며 목소리가 높다면 이런 여성은 직장인으로서의 자격이 없다고 하겠다.

그러나, 여러 사정이 여의치 못하여 부득이 전화를 걸 때에는 가급적 사무실의 제일 구석에 있는 전화를 이용하도록 한다. 그리고 상대가 서로 목소리를 아는 사이일지라도 "여보세요."를 앞세우지 말고, "○○○세요? 안녕하셨어요? 저 △△△에요."라고 한 후 곧바로 용무를 말하고 끝내는 것이 좋다.

3장

품위 있는 옷차림, 몸가짐

영국의 문호

(文豪) 셰익스피어(Shakespeare, William)는 일찍이 "우리의 옷이나 몸가짐이 우리의 과거 경력을 나타낸다."라고 하였다. 무작정 '옷이 날개'가 아님을 일깨워 준 말이기도 할 것이다. 그러나, 톨스토이(Tolstoi, Lev Nikolaevich)는 "육체에만 꼭 맞는 것을 입는 것보다는 오히려 양심(良心)에 꼭 맞는 옷을 입고 가는 것이 좋다."라고 갈파하였다. 이 말은 아무리 훌륭한 옷이라도 그 마음가짐이 고와야 아름답게 보인다는 뜻이리라. 소크라테스(Socrates)의 아내인 '크산데이페'가 어느 축제일의 행렬을 구경하고 싶어서 남편에게 옷 투정을 하니까, 소크라테스는 시치미를 떼면서 "당신은 보러 가는 것이 아니라 보이러 가고 싶은 모양이군."이라고 했다는 일화가 있다. 그렇다. 여성은 '보이기 위하여' 옷을 입는다고 해도 결코 틀린 말은 아닐 것이다.

한복(韓服)의 옷차림

　현대 여성들의 복장은 이제 양장이 일반화 되었지만, 예복이나 특별한 파티 등에서는 아직도 한복이 우세하다. 특히, 오늘날과 같이 외국인들이 많이 활보하는 시대에는 한복이 오히려 보다 품위 있고, 민족의상으로서의 개성도 뚜렷하므로 널리 애용되었으면 하는 마음이 앞선다.

　한복 저고리의 짧고 가는 가로줄아래 치마의 길고 굵은 세로줄은, 허리가 길고 하체가 짧아서 불균형한 우리나라 여성들의 결점을 많이 커버해 준다.

　한복의 예복(禮服)은 아직 특별히 정해진 것은 없다. 그러나, 대체로 백색과 옥색으로 정하고, 남 갑사치마에 옥색 반회장저고리이면 무난하다. 그리고, 마름질은 단정하고 조촐하면서도 정중한 느낌을 주어야 한다.

　신부(新婦)의 예복은 대체로 다홍 갑사치마에 노랑 회장 저고리 이다. 그러나, 요즘의 결혼식에는 보통 백색 치마저고리, 또는 백색 웨딩드레스를 많이 입게 되었다.

　조문(弔問)을 가는 경우에 울긋불긋한 어지러운 무늬의 옷차림을 하면 에티켓에 어긋난다. 조사(弔事) 때에는 백색 또는 흑색 치마저고리가 좋으며, 적어도 담색(淡色), 무늬 없는 옷차림정도는 갖추어야 된다.

양장(洋裝)의 옷차림

1. 이브닝 드레스

이브닝드레스는 호화로운 예복이다. 또, 높은 가슴과 등을 많이 드러내 놓는 것이 특징이므로, 야간의 파티 때 입는 것을 낮에 입으면 에티

> ### ☞ 생일 파티의 옷차림
>
> 오늘날에는 양장이 보편화되어 있지만, 어른의 생신에는 자손들이 다음과 같은 옷차림을 하는 것이 바람직하다.
>
> 딸들은 홍치마에 노랑 저고리를 입는 것이 예의인데, 홍치마는 원래 결혼 할 때, 부모의 경사〔회갑·생신 등〕에 입는 색으로 되어 있다.
>
> 자부(子婦)나 딸이라도 나이가 많으면 보통 남치마로 한다. 그리고, 남치마에 옥색 호랑저고리 또는 노랑 호랑저고리 등 나이에 맞추어서 입는다.
>
> 이처럼 부모의 경사날에 어린 딸이나 자부들은 홍치마, 나이가 든 딸이나 자부측 여자 자녀들은 홍치마나 남치마를 갖추는 것이 우리나라의 한 예복색으로 되어 있으나, 그 장소나 환경과 형편에 따라 지나칠 경우도 있으니, 이런 점을 참작하여 그때마다 적절하게 입는 것이 보다 현명한 일이다.

켓에 벗어난다.

- 모자 : 모자를 쓸 필요는 거의 없지만, 구태여 쓴다면 아주 작은 이브닝 해트 정도를 쓴다.
- 헤어스타일 : 조금 화사한 스타일을 하며, 리본·조화(造花)·보석·디아뎀(冠)으로 꾸며도 좋다.
- 장갑 : 반드시 필요하다. 얇은 가죽 또는 헝겊으로 만든 긴 장갑을 끼되, 색깔은 백색이어야 한다.
- 귀걸이, 목걸이, 반지 – 보석으로 된 훌륭한 것이 물론 좋겠지만 비슷한 것도 무난하다.
- 양말 – 얇은 피부색 스타킹으로 한다.
- 핸드백 –금실, 은실 레스 비스 등으로 된 소형의 부드러운 느낌을 주는 것이 좋다.

2. 세미 이브닝드레스

글자 그대로 반(半) 드레스이기 때문에 야간의 연극·음악회 및 친구 간의 디너파티 때에 입는 등 그 범위가 넓다.

재료는 이브닝드레스와 마찬가지이지만, 너무 호화로운 것을 쓸 필요까지는 없다. 부속품도 역시 이브닝드레스 때보다 조금 약식이면 된다. 그러나, 장갑·핸드백만은 이브닝드레스 경우에 준하고, 구두는 흑색 에나멜 정도가 무난하다.

3. 디너 드레스(칵테일 드레스)

디너 드레스는 야회복 중에서 가장 간략한 드레스이다. 이 예복은 남성의 턱시도(스모킹)에 해당되는 것인데, 이것 한 벌만 장만해 두면 거의 통용할 수가 있다.

- 모자 : 모자는 쓰지 않아도 무방하지만, 쓴다면 칵테일 해트 정도로 한다.
- 머리 : 리본, 조화, 그리고 보석으로 치장한다. 보석은 비슷한것 이라도 무관하다.
- 장갑 : 여름에는 나일론 · 트리코트 · 면(綿) 또는 나일론 레스의 장갑을 끼고, 다른 계절에는 면 · 세무 · 키드 · 스에드 등의 장갑을 착용한다.
- 구두 : 드레시한 샌들 또는 팜프스 등이면 무난하다.
- 핸드백 : 에나멜 또는 카프나 스에드 정도면 좋다.

4. 정식(定式) 아프터눈 드레스

아프터눈 드레스에는 정식의 것과 약식(略式)의 것이 있다. 여성의 결혼식예복은 정식 아프터눈 드레스 중에서도 가장 대표적인 것이다.

이 아프터눈 드레스는 오후의 정식 연회나 파티 또는 방문 등에 입을 목적으로 만들어진 것이므로, 대담한 디자인은 피하는 것이 좋다.

- 모자 : 반드시 쓴다. 모자 모양은 베일이나 조화 등으로 장식한 드레

시한 것이면 좋다.

- 장갑 : 희고 얇은 장갑을 낀다.
- 구두 : 에나멜이나 가죽으로 만든 하이힐이면 무난하다.
- 핸드백 : 드레시한 소형의 것으로 한다.

5. 약식(略式) 아프터눈 드레스

친한 사람끼리의 연회나 오후의 파티에 참석할 때에는 이 약식 아프터눈 드레스만으로도 훌륭하다.

무늬 있는 것은 피하는 것이 좋다. 되도록 무늬 없고 한 빛깔로 된 것으로 입는 것이 좋다.

6. 원피스

보디스〔胴衣〕와 스커트가 이어져 있는 드레스가 원피스이다. 원피스의 깃이나 소매는 그 쓰임새뿐만 이니라, 유행이나 계절도 고려하여 적합한 형을 선택하도록 한다.

7. 슈트

슈트는 타운웨어(외출복) 중에서 가장 대표적인 것으로, 방문·통근 때에나 여행 때 등 이것만으로도 족할 정도로 그 쓰임새는 넓다.

특히, 흑색 슈트는 약식 예장(略式禮裝)으로서 경사(慶事)때나 상사(喪事)때에도 입을 수가 있으므로, 평소에 한두 벌 마련해 두면 요긴하게 입을 수가 있다.

색깔은 무늬 없는 단색의 짙은 것이 일반적으로 많이 애용되고 있으나, 요즘은 줄무늬나 체크무늬를 선택하여 스포티하게 입는 경향도 늘고 있다.

8. 투피스 드레스

웃옷과 스커트가 따로 떨어져 있는 것은 슈트와 같지만, 이것은 블라우스가 없어도 입을 수 있는 스타일로 만들므로, 그 점이 슈트와는 다르다.

웃옷 또는 스커트에 견직물이나 엷은 울을 쓰고, 수예적인 테크닉으로써 드레시만 느낌을 주면, 슈트보다는 한층 더 정식 방문복이 될 수가 있다. 반대로, 화려한 체크무늬의 천으로써 디자인하면 스포티한 옷차림이 될 수도 있다.

9. 블라우스와 스커트

품이 넉넉한 중의(中衣)를 블라우스라고 하는데, 허리를 높게 보이기 위해 스커트 속에 넣어서 입는 것을 언더블라우스라 하고, 동체(胴體)를 길게 보이게 하기 위해 스커트 위에 내어 놓고 입는 것을 오버 블라우스라고 한다.

중의이므로 블라우스와 스커트만으로는 외출복이 될 수 없다고 여긴 때도 있었으나, 오늘날에는 외출복으로서뿐만 아니라 이브닝드레스나 아프터눈 드레스의 대용으로도 디자인된다.

10. 이브닝 코트

피부 노출이 많은 이브닝드레스에는 여름에도 이브닝코트가 반드시 있어야 한다. 그리고, 승용차로 야회(夜會)에 나갈 경우에도 이브닝코트는 착용해야 한다.

이것은 드레스에 알맞게 호화롭고 우아한 디자인으로 하며, 견직물이나 모피로 만들되, 그 길이는 길든 짧든 관계없다.

11. 아프터눈 코트

아프터눈 코트는 방한(防寒)이라는 실용 면에서도 도움이 될 수 있도록 갖춘다. 그리고, 깃에 모피를 댈 때에는 흑색의 무늬 없는 천을 사용하며, 봄·가을에는 얇은 울이 좋다.

아프터눈 코트의 색깔은 단색으로 하되, 군데군데 희끗희끗한 무늬가 있는 천이면 무엇이든 좋다. 그러나, 흑색이 정식이며, 줄무늬나 체크무늬는 피하는 것이 상식이다.

12. 스포츠 코트

스포츠 코트는 타운웨어(나들이옷) 위에 입는 코트로, 코트 중 그 용도가 가장 넓다. 이 코트는 벨트를 붙인 스타일이 보통인데, 아프터눈 코트로도 겸용시키고 싶을 경우에는 벨트 없는 디자인으로 한다.

13. 예장 대용(禮裝代用) 옷

어쩌다가 한두 번 입게 되는 예복을 길흉(吉凶)에 따라서 두 가지로 마련해 놓는다는 것은 그리 수월한 일이 아니며, 또 비경제적(非經濟的)인 면 또한 없지도 않다. 그래서, 요즘에는 어느 경우에나 다 입을 수 있는 예장 대용 옷이 실용화되고 있는 경향이다.

한 보기를 들면, 흑색의 심플한 원피스에 칼라와 벨트를 적당히 변화시켜서 입는 경우이다. 깃에 흑색 조젯의 스카프를 두르고, 흑색 스에드의 벨트를 착용하면 상복(喪服)이 되며, 드론워크나 레스의 깃, 털가죽의 조그만 밴드 칼라 등을 사용하면 타운웨어가 된다.

그리고, 데콜테로 소매가 없는 원피스의 동일한 천의 자켓을 배합하면 칵테일 드레스(디너 드레스)나 아프터눈 드레스의 훌륭한 대용이 된다.

액세서리(accessory)

액세서리는 여성 옷차림의 조화를 꾀하는 장식품을 의미하는데, 특히 양장(洋裝)에 있어서는 이 액세서리를 빼놓거나 소홀히 하면 완전한 옷차림이라고 할 수 없을 정도로 아주 밀접하다.

> ### ✆ 노출(露出)의 에티켓
> 현대는 가히 '노출의 시대'라고도 할 만하다. 그러나, 여성의 노출은 잘못되면 천해 보이기까지 하므로 '노출의 에티켓' 정도는 알아서 대처해야겠다. 여성이 노출하면 안 될 부분은 그 모두가 성적(性的)매력을 느끼게 하는 부분이다. 즉 가슴, 발끝, 귀, 손 등이다.
> 가슴의 노출에 대해서는 쉽게 이해가 되겠지만, 발끝·손·귀 등은 약간 의아하게 느낄 것이다. 그러나, 남성이 보는 앞에서 구두를 벗는다는 것은 특별한(?) 의미를 띠는 것이며, 귀가 환히 드러나는 헤어스타일은 귀를 가린 헤어스타일보다 대담한 것으로 받아들여지고 있다. 또, 이브닝드레스 등을 입어서 팔이나 등을 노출하게 되는 경우에도 손끝만은 장갑으로 가리는 것이 에티켓이다.
> 신체의 어느 부분을 감추어야 할 때에는 그 부분을 감추는 것이 바로 에티켓이며, 또 그것은 '감추어진 매력'의 표현이기도 하다.

우리 한복(韓服)에는 디자인의 유행이라는 것이 특별히 없고, 다만 옷감의 무늬나 색깔 등의 유행과, 치마의 길이 정도나 저고리의 폭이 넓어진 정도 등에 변화가 있었을 뿐이지만, 우리 옛 여성들의 액세서리에 대한 깊은 인식은 그 역사가 잘 대변해 주고 있다. 즉, 삼국 시대를 통해 금 · 은 · 구리 · 옥 · 수정 등으로써 만들어졌던 귀걸이 · 목걸이 · 반지 · 팔지 등은 그 미적(美的)효과가 참으로 뛰어난 것이었다.

오늘날 한복의 액세서리로서는 브로치 · 조화(造花) · 귀걸이 · 팔찌 · 장갑 · 양말 · 구두 · 핸드백 등이 양장과 대동소이하지만, 모자만은 쓸 수가 없는 것이 특징이다. 또, 긴 치마인 경우에는 양말을 신을 수 없으며, 장갑도 어울리지 않고, 짧은 치마에 귀걸이도 어울리지 않는다.

한복이든 양복이든 그에 따른 액세서리는 이미 단순한 부속품이 아니라 그 하나하나가 옷차림 전체의 '미(美)'를 구성하는 중요한 요소이므로, 이에도 에티켓이 없을 수 없다.

① 자기 취미에 맞는 것을 선택할 것.

액세서리 역시 옷차림의 유형에 따라 변하게 마련이다. 그러나, 무작정 유행에만 따를 것이 아니라, 그 물건과 자기 옷차림과의 조화 여부를 판단하고, 새로운 감각과 자기만의 독특한 취미를 살려야 개성(個性)있고 우아해 보인다. 이러기 위해서는 다른 여성의 옷차림을 세심히 관찰하는 것도 좋고, 또 세련된 사진이나 잡지 등을 참고로 하여 연구해야 된다. 그리고, 적은 비용으로 멋있고 품위 있는 액세서리를 택하는 센스도 있어야겠다.

② 통일된 조화미와 간소한 미(美)를 나타낼 것.

액세서리 그 자체는 독립된 것이 아니라 어디까지나 옷차림과 잘 조화되어야 하며, 때와 장소에 따라 액세서리의 질·색·분량을 판단하여 사용한다. 액세서리는 꼭 사용해야 된다는 법은 없다. 그러므로, 너무 많이 있는 대로 다 사용하기보다 한두 개라도 간소한 중에서 청초한 맛을 내도록 해야 된다. 그리고, 하나의 네클리스라도 외출복이나 평상복에 사용할 수 있고, 하나의 브로치도 가슴에만 달 것이 아니라 그 색·모양에 따라 머리 장식에도 사용할 수 있는 것이다.

③ 모조품(模造品)을 이용할 것.

시중에는 모조된 액세서리가 많이 있다. 그중에는 진품(眞品) 못지않게 디자인이 잘된 것도 있고, 또 진주 목걸이 등은 진품만은 못하나, 그때그때마다 진품을 사들이기보다는 모조품을 장만하여 새로운 감각을 나타내는 것이 좋다. 경제적인 면도 있고, 또 모조품을 사용하면 분실되어도 크게 실망할 필요도 없어서 안심하고 쓸 수가 있다.

1. 모자

모자는 대체로 머리 모양이나 옷의 유행에 따르는 것이 일반적이지만, 이보다는 체격과 얼굴에 맞는 모자를 선택하는 것이 포인트이다.

● **체격과 얼굴형에 맞는 모자**

① 체격이 큰 사람 : 어떤 모자든 잘 어울린다. 그러나, 특히 차양(=챙)이 넓은 캐프린 형(caprin 型)이 좋고, 털깃 장식 등도 어울린

다. 그러나, 키가 크므로 크라운은 낮은 것이 좋다.

② 체격이 작은 사람 : 모자 모양이나 장식도 자그마한 것이 어울린다. 즉, 차양도 좁아야 하고, 가느다란 테를 두른다든지 하는 것이 좋다.

③ 뚱뚱한 사람 : 대체로 선이 굵은 것을 택한다. 즉, 얼굴 윤곽보다 큼지막한 모자에 장식도 큰 것을 달아야 어울린다.

④ 얼굴이 긴 사람 : 얼굴 모양을 여러 가지로 변형할 수 있는 베레(beret)를 앞쪽으로 내어 이마를 가려 쓰든지 옆으로 비스듬히 쓰고, 양옆으로 머리카락을 내놓으면 긴 얼굴이 커버된다.〔그림 A · B참조〕.

⑤ 둥근 얼굴 : 직선적인 선으로 된 차양이 위에 달린 모자를 비스듬히 쓴다. 그리고, 큼직한 리본이나 조화(造花) 같은 것을 달며, 형태가 긴 이어링을 달면 더 잘어울린다.〔그림 C 참조〕.

⑥ 세모 형 얼굴 : 이마가 좁고 아래 볼이 퍼진 얼굴에는 차양이 있고 둥근 윤곽을 지닌 모자가 좋다〔그림 D참조〕. 이와는 반대로 이마가 넓고 턱이 빠진 얼굴에는 베레 등을 좀 깊숙이 쓰면 좋다〔그림 E 참조〕.

⑦ 타원형 얼굴 : 미인 형 얼굴이므로 어떤 모자든지 잘 어울린다. 그러나, 그림 F · G와 같은 모자를 쓰면 더욱 돋보일 것이다.

⑧ 네모난 얼굴 : 좀 둔한 느낌을 주는 얼굴이므로, 차양이 아래로 여유 있게 굴곡져 있는 모자를 어느 정도 눌러쓰고, 포인트를 눈 위에 두면 결점을 커버할 수 있다〔그림 H 참조〕.

2. 장갑

　장갑은 옷차림과 그 액세서리와의 조화를 생각하여, 그 재료나 색깔을 선택해야 한다.

　겨울용은 캐시미어 · 가죽 · 털실 · 저지로 만든 것, 여름용은 레스 · 나일론으로 만든 것을 사용한다. 그리고, 방문할 경우나 의례용(儀禮用)일 경우에는 바드시 백색 장갑을 끼도록 한다. 또, 이브닝드레스나 칵테일 드레스(디너 드레스)를 입었을 때에는 얇고 긴 장갑을 착용해야 된다.

3. 핸드백

　핸드백은 계절에 따라서, 또는 옷에 따라서 각각 여러 형태의 것이 있으면 좋겠으나, 실제로 다 갖추기는 어려운 일이므로 융통성 있는 무난한 모양의 것을 장만해 두면 좋다.

　우리 한복에는 끈이 달리지 않은 것, 겨드랑이에 끼게 된 것으로 하되, 비단 바탕에 수를 놓은 것이면 보다 잘 어울린다. 핸드백 색깔은 특히 장갑과 잘 조화 되는 것이어야 하며, 여름용은 백색이나 엷은 색이 좋다.

4. 신발

　신발은 구두든 고무신이든 여러 켤레를 계절이나 경우에 바꿔 신으면 경제적이지만, 형편이 그렇지 못할 경우에는 흑색이나 다색 신발을 장만해 두면 계절 등에 구애됨 없이 신을 수 있어서 실용적이다.

　그러나, 가급적이면 여름에는 백색이나 엷은 색 구두를 신어야 계절감을 살릴 수 있으며, 금색·은색 에나멜로 굽이 높은 샌들은 이브닝 드레스나 칵테일 드레스에 받쳐 신어야 제격이다.

　한 가지 주의할 점은, 바지 차림에 하이힐을 신는 일이 없도록.

5. 머플러와 스카프

머플러나 스카프는 주로 코트의 칼라 속에 쓰이므로 조금만 보이지만, 이것은 액세서리로서 얼굴과 옷에 많은 영향을 준다.

줄무늬나 바둑판무늬의 머플러·스카프는 대체로 스포티하고, 조그만 프린트 무늬나 물방울무늬는 드레시한 옷에 어울린다.

천은 너무 두껍거나 잘 구겨지는 것은 피한다. 대체로 울·나일론·비단·아세테이트가 좋으며, 레이온은 차가워서 감촉이 좋지 않다.

6. 벨트(혁대)

벨트는 옷의 색과 체격에 따라 조화를 이루어야 제격이다. 옷감과 동일한 감으로써 벨트를 만들었을 때에는 버클도 같은 것으로 하면 다른 액세서리를 자유로 쓸 수 있어서 좋다.

키가 크고 허리가 가는 사람은 넓은 벨트가 체격에 맞고, 키가 작고 뚱뚱한 사람은 가는 벨트가 좋다. 그리고, 벨트를 그저 포인트를 주기 위한 액센드로시 사용힐 때에는 목길이·브로치는 착용하지 않는 것이 좋다.

7. 행거치프(손수건)

손수건은 일상용과 외출용을 구별하여 핸드백 속에 항상 2~3장은 여유 있게 준비해 두는 것이 좋다. 그런데, 이 손수건은 실용적인 면에서뿐만 아니라 장식용으로도 쓰인다. 즉, 양장인 경우에는 포켓에 끼워서 가슴의 액센트로, 또 벨트에 보기 좋게 접어서 끼우면 색다른 액세서리가 된다.

8. 네클리스 펜던트(pendant)

이것은 옷차림이나 환경에 따라 그 모양이나 재질을 선택하도로 한

> ## 화장의 기본
> ❶ 솜털이 많은 여성은 한 달에 한 번 정도 면도한다.
> ❷ 콜드크림으로써 닦아낸 후 가제(Gaze) 에 화장수를 적셔서 얼굴을 골고루 두드린다.
> ❸ 스포진 파우더로써 파운데이션을 고르게 편다.
> ❹ 파우더 화장이 끝난 후, 눈썹에 묻은 가루분을 브러시로써 턴다.
> ❺ 아이 브라우 펜슬은 두 가지 색을 배합하여 사용함으로써 적당한 빛깔을 창출해 낸다.
> ❻ 눈을 커 보이게 하려면 아이 라인(eye line)을 이중으로 그려서 쌍커풀이 진 것 같이 한다.
> ❼ 눈썹 길이는 눈 꼬리와 45℃ 각도를 벗어나지 않는 정도로 그린다.
> ❽ 낮 화장 : 파운데이션을 엷게 밝은 빛으로 하고, 부분 화장(눈 화장·입술 화장)도 자연스러운 빛깔로 한다.
> ❾ 밤 화장—파운데이션은 짙게 하고, 부분화장도 윤곽이 또렷하도록 진하게 한다.

다. 직장 여성이 번쩍이는 네클리스나 주렁주렁 늘어진 것을 목에 걸고 있으면 보기 흉하다. 그리고, 그 옷에 칼라가 액센트로 되어 있을 때에는 사용치 않는 것이 좋다.

얼굴이 길고 가슴이 처진 사람은 짧은 것을 하면 잘 어울리며, 긴 것을 하면 부드러운 느낌을 준다.

9. 이어링

얼굴 모양과 이어링의 색깔·크기·형태가 조화되지 않으면 매력적이어야 할 얼굴의 결점이 더욱 두드러져서 역효과를 나타낸다.

그러므로, 체격이 큰 사람은 큼직한 것이나 늘어진 것이 어울리고, 체격이 작은 사람은 작은 것으로 흔들리지 않을 정도의 것이 좋다. 그리고, 단발머리나 경쾌한 옷차림일 때에는 이어링이 특히 잘 어울려 매력적이다.

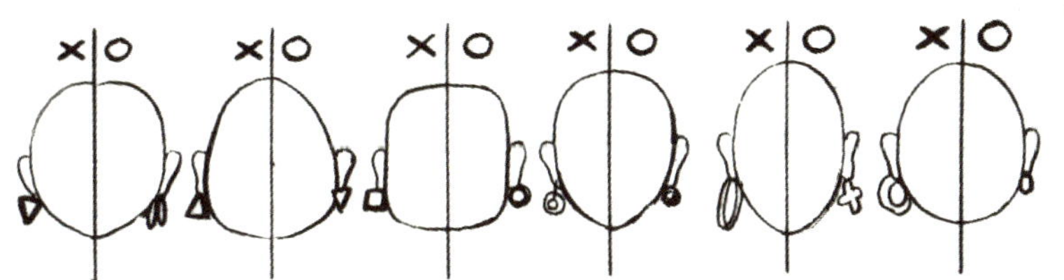

10. 반지

결혼반지는 액세서리라고 할 수 없다. 그러나, 그 외의 경우에는 옷과 손의 모양, 손가락과 손톱의 모양에 조화되는 것을 끼면 된다. 즉, 갸름하고 긴 손에는 둥근 모양의 반지를, 짧고 도톰한 손에는 타원형이나 네모형의 반지를 낀다.

주의할 점은, 장례식 때에는 반지를 끼지 않는 것이 에티켓이다.

11. 브로치

한복에 있어서의 브로치는 액세서리와 실용을 겸한다. 양장에 있어서는 순수한 액세서리 이므로 잘 선별해야 한다.

브로치는 그 사용 부분이 상반신에 국한되어 있으므로, 넥 레이스 대신으로, 또 깃이나 가슴에 달아서 여러 모로 변화를 주면 색다른 매력을 주는 중요한 액세서리가 된다. 그러나, 네클리스를 사용했을 때는 브로치를 쓰지 않는다.

12. 경사(慶事)와 액세서리

결혼식이나 약혼식 등 경사스런 장소에 초대받았을 때에는 주인공보다 더 호사스런 옷차림을 하는 것은 에티켓에 어긋난다.

그러므로, 액세서리에 있어서도 화사한 것보다는 조촐하면서도 품위 있는 것을 선택하면 무난하다. 즉, 이어링·네클리스는 진주 정도면 좋고, 밤이라면 빛〔光〕이 나지 않는 것이 바람직하다. 또, 핸드백은 조그마한 것, 장갑·베일 등은 백색이 무난하다.

13. 상사(喪事)와 액세서리

문상(問喪) 또는 장례식 때의 액세서리는 옷 색에 맞추어 모두 흑색으로 한다. 즉, 흑색의 장갑, 구두, 모자를 착용하는 것이 예의이다. 그리고, 이어링, 반지, 네클리스 등의 액세서리는 일체 사용하지 말아야 된다. 그리고, 손수건은 백색만 사용한다.

체형(體型)과 옷차림

1. 얼굴형에 어울리는 옷차림

● 둥근 얼굴

이 얼굴은 명랑하고도 애교 있는 여성적인 얼굴형이다. 얼굴이 둥글고 큰 사람은 V형의 길고 가는 칼라의 옷을 입으면 그 결점이 커버된

다〔그림 E 참조〕. 또, 작고 둥근 얼굴은 하이넥으로 하면 보다 귀여운
느낌을 준다〔그림 D 참조〕.

● 세모 형 얼굴

이 얼굴은 이마가 넓고 턱이 뾰족하므로 첫 인상이 좀 신경질적으로
보인다. 그러나, 칼라를 둥글게 달고, 목둘레를 둥글게 파면 그런 인상을
떨쳐 버릴 수가 있다.〔그림 A · D참조〕. 또, 이마가 좁고 턱이 퍼진 세모
형 얼굴은 목둘레를 깊이 파서 칼라를 늦추어 달면 좋다〔그림 B 참조〕.

● 네모 형 얼굴

네모진 얼굴을 좀 부드럽게 보이기 위해서는 가늘고 긴 V형으로 목
둘레를 깊이 파고〔그림 E 참조〕, 시원한 곡선의 칼라를 달도록 한다.
〔그림 C 참조〕.

● 긴 얼굴

달걀 모양의 이 얼굴은 침착 · 고상한 느낌을 준다. 긴 얼굴을 좀 짧
게 보이려면 목의 둘레를 추키면 된다. 그러나, V형으로 가늘고 길게
파서 얼굴의 특징을 강조해도 좋을 것이다〔그림 D · E 참조〕.

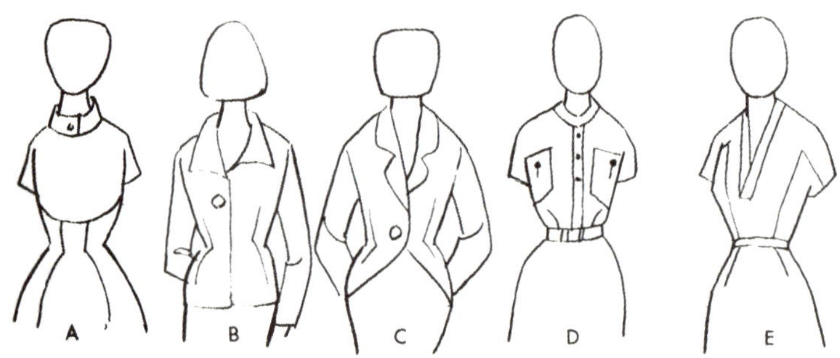

2. 체형에 어울리는 옷차림

● 마르고 키 작은 사람

키가 작은데다가 몸까지 마르면 더욱 빈약해 보인다. 그러므로, 몸에 꼭 맞는 타이트한 옷은 피하도록 한다. 그리고, 넥 포인트를 상반신으로 오도록 하고 짧게 하며, 스커트에는 포켓이나 절개선을 넣지 말고 길게 해야 키가 커 보인다〔그림 F 참조〕. 또, 소매나 스커트 등 전체적으로 좀 풍부하게 입고, 흑색·곤색 계통은 피하여 핑크색·옥색·노랑색· 등을 선택하면 마른 체격을 커버할 수 있다.

● 마르고 키 큰 사람

전체적으로 대범하고 풍부한 옷차림을 하는 것이 효과적이다. 포켓도 크게 하고, 줄무늬나 변절 선을 길이로 넣는 것보다는 폭 넓게 옆으로 넣으면 보다 풍부하게 보인다〔그림 G 참조〕. 그리고, 천은 좀 두꺼운 중간색 계통을 선택하면 무난하다.

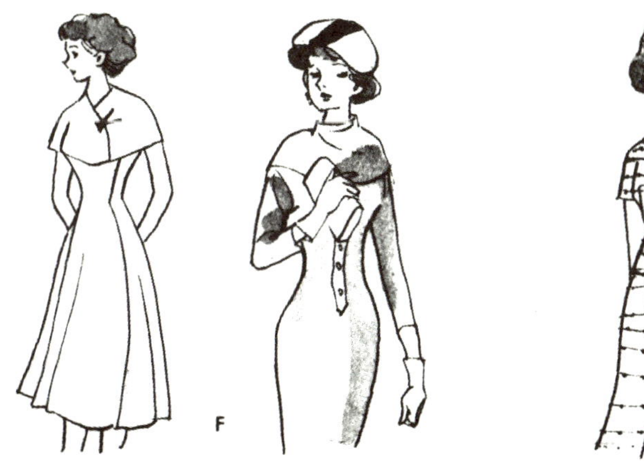

● **뚱뚱하고 키 작은 사람**

이런 사람은 투피스보다 원피스가 무난하다. 그리고, 길이와 선을 이용하면 키가 커 보이며, 허리도 굵은 사람은 연한 색 블라우스와 짙은 색 스커트를 입도록 한다. 또, 줄무늬나 체크무늬를 잘 이용하되 너무 가는 무늬는 피하도록 하고〔그림 H 참조〕, 옷색은 짙은 침착한 것이 어울린다.

● **뚱뚱하고 키 큰 사람**

길이에 절개선을 넣고 줄무늬를 이용하면 어느 정도는 날씬하게 보일 수 있다. 그리고, 목둘레는 너그럽고 편하게 하여 당당한 체격의 멋을 살리도록 한다〔그림 B · C 참조〕. 옷색은 강한 것, 즉 곤색 · 흑색 · 고동색 등과 같은 짙은 색을 써야 날씬하게 보인다.

● **목이 짧은 사람**

뚱뚱한데다가 목도 짧은 사람은 목둘레를 시원하게 내놓고, 복잡한 디자인이나 액세서리는 피하도록 한다. 그리고, 옷차림의 액센트는 목 이외의 다른 곳에다 그 포인트를 두도록 한다〔그림 J 참조〕.

● **허리가 긴 사람**

상반신을 짧게 보이도록 하는 것이 포인트이다. 그러므로, 투피스보다도 원피스가 좋으며, 옷차림의 액센트는 웨이스트를 피하여 칼라나 어깨에 두도록 한다. 즉, 상반신에 옆 무늬를 두고, 큰 칼라에 포인트를 두며 줄무늬 스커트를 입으면 웨이스트는 짧게, 하반신은 날씬해 보인다〔그림 I 참조〕.

● 등이 굽은 사람

굽은 등 밑에다 개더를 잡도록 하는데, 그 위치가 제자리 아니거나
그 분량이 많으면 오히려 등이 굽은 결점이 더 두드러지게 된다〔그림
N 참조〕.

● 배가 나온 사람

타이트스커트보다는 플레어스커트가 좋으며, 옷 색은 짙게 하고, 잔
무늬로 하면 나온 배가 커버된다〔그림 L 참조〕.

● 히프가 나온 사람

히프가 처졌더라도 웨이스트라인에서 바로 개더를 잡으면 커버할
수 있다. 그러나, 개더의 분량이 너무 많거나 적으면 오히려 역효과가
난다〔그림 M 참조〕.

옷의 배색(配色)과 색의 대조

일반적으로 젊은 여성은 발랄하고 화려한 색을, 나이가 좀 든 여성은 수수하고 침착한 색의 옷을 선택하게 되는데, 대체로 동일한 계통의 색은 점잖게 보이고, 다른 색 계통은 화려하게 보인다. 그러나, 배색이 잘못되면 오히려 천하게 보이는 수가 많다. 특히, 얼굴이 희고 선이 가는 사람은 무슨 색이든 대체로 잘 어울리지만, 얼굴이 누렇다든지 검푸른 듯한 사람은 옷 색에 보다 신경을 써야 한다.

● **황색 · 다갈색**

황색은 명도(明度)가 가장 높으므로 색의 표현도 아주 뚜렷하다. 황색의 색상(色相)중에는 청색을 띤 것과 회색을 띤 황색계나, 등색(橙色)을 가미한 황색계 등 여러 가지가 있는데, 얼굴이 흰 사람을 제외하고는 담색(淡色)의 크림색이나 레몬색이 어울린다. 황색과 대비되는 색상 중에는 다갈색(茶褐色)의 암색(暗色)도 무난하기는 하나, 이때의 황색은 다소 등색을 띤 편이 훨씬 더 어울려 보이며, 황색과 남색과의 대조는 보색(補色)으로서는 조화되지만 옷 색으로서 남색이 담색조(淡色調)라면 레몬색이 잘 어울린다.

● **적색 · 흑색**

웃옷을 적색으로 했다면 바지나 스커트는 흑색으로 해야 안정감이 있으며, 현대적인 감각이 돋보이게 된다.

● **적색 · 회색**

웃옷이 적색일 경우에는 스커트를 밝은 회색으로 해야 경쾌한 느낌을 준다.

● 적색 · 백색

이것은 명도가 너무 차이가 나므로 가급적 피하는 경향이 있었다. 그러나, 오늘날에는 적색 웃옷에 백색 바지나 스커트를 입어도 개성적이어서 무난하다.

● 적색 · 청색

적색은 따뜻한 느낌을 주지만 그 명도는 얕고, 청색은 색감(色感)으로선 그다지 밝지 않으나 광학적(光學的)으로는 밝다. 그러나, 청색은 찬색이므로 적색과 청색의 대조는 심한 대조를 이룬다. 그래서, 청색을 조금 탁한 암청색(dark blue)으로 하면 적색이 조금 어두워져 아름다워진다.

● 핑크색

백색과 적색의 혼합 색으로서 적색이 홍색에 가까운 때에는 한층 아름답게 배색된다. 순수한 핑크색은 우리나라의 분홍색에 회색을 다소 띤 것과 같으므로 핑크색과 회색은 좋은 대조가 될 수 있다.

● 살색

살색은 동일한 색 계통으로서의 대조가 좋으며, 핑크 하늘색(sky blue) 같은 담색조가 아름답다.

● 청색

옷 색으로서는 코발트블루와 같이 명도가 높은 것보다는 다크 블루가 널리 사용된다. 청색과 흑색의 대조는 피하는 것이 좋다.

● **청색 · 회색**

이 두 색의 배합은 경쾌한 느낌을 준다. 그런데, 웃옷을 진한 회색으로 하고 스커트를 청색으로 한 경우와, 웃옷을 청색으로 하고 스커트를 진한 회색으로 한 경우는 전혀 다른 느낌을 준다.

● **청색 · 등색**

하늘색과 오렌지색의 대조는 특히 가을철에 돋보이는 훌륭한 배색이다.

● **청색 · 남색**

이 두 색은 그 배합이 매우 까다롭다. 그러나, 어느 한쪽을 조금 얕게 한다면 또 다른 산뜻한 맛을 주기도 한다.

● **청색 · 녹색**

웃옷을 담록 색으로, 스커트를 진한 청색으로 하면 훌륭한 배색이 된다. 이와 반대로 웃옷을 청색으로, 스커트를 어두운 녹색으로 해도 산뜻하고 고상한 느낌을 준다.

● **청색 · 황색**

청색은 찬 느낌을, 황색은 따뜻한 느낌을 주므로 이 두 색의 배합은 평범하다. 그러나, 탁한 청색에 황등색처럼 명도가 밝은 색을 배합하면 아주 고상하게 보인다.

꼭 지켜야 할 옷차림의 에티켓

1. 경사(慶事)·상사(喪事)때의 옷차림

결혼식·약혼식 또는 어떤 경사스런 모임에 초대받았을 때에는 너무 화사한 옷차림을 하여서는 안 된다. 왜냐하면, 주인공과 참석자가 뒤바뀌어 보이는 수도 있기 때문이다. 그러므로, 옷차림은 조촐하면서도 고상한 품격을 지닐 수 있도록 신경을 써야 한다. 옷으로써 축하하는 일이 아니기 때문이다.

문상(問喪) 때의 한복은 재래의 습관상 엷은 옥색이나 회색, 또는 백색 계통이어야 된다. 그리고, 무늬 있는 옷은 되도록 삼가는 것이 좋다. 양장(洋裝)일 경우에는 흑색으로 통일하고, 아무리 젊은 여성이라도 살갗이 너무 드러나는 옷차림은 피해야 된다. 흑색 옷이 없을 경우에는 짙은 곤색이나 회색으로 한다.

2. 파티에 참석할 때

그냥 블라우스에 스커트 차림으로 파티에 참석하는 것은 에티켓에 어긋난다. 그리고, 가슴이 확 트인 파프 슬리브로 성장(盛裝)했을지라도 쇼울더백에 속스, 로우힐을 신는다면 이것 또한 에티켓 위반이다. 파티에 참석할 때에는 반드시 드레시한 느낌을 주는 조그만 핸드백, 나일론이나 실크 스타킹, 그리고 하이힐의 샌들이나 펌프스를 사용해야 된다.

3. 길거리를 거닐 때

길거리를 이브닝드레스나 이에 가까운 옷차림으로 거닌다는 것은 넌센스이다. 그러나, 쇼티 위에 이브닝코트를 입고 밤에 나들이하는 것 정도는 상관없다.

바람이 심한 날에 스커트〔특히 폭이 넓은〕를 입는 것을 되도록 피하고, 비나 눈이 오는 날에는 바지를 입는 것이 무난하다.

4. 구두와 스타킹

이브닝드레스나 아프터눈 드레스를 입었을 때에는 로우힐 대신 하이힐을 신어야 되며, 또 스포츠복을 입었을 때에는 하이힐을 신지 않는다.

요즘에는 스타킹 없는 다리를 너무 자주 보게 된다. 그러나, 품위 있는 여성이라면 여름철에도 반드시 스타킹을 신을 것. 그리고, 색깔은 살색 정도가 무난하다.

5. 브래지어와 코르셋

가슴이 크든 작든 브래지어는 반드시 착용해야 된다. 요즘, 특히 여름철에 일부 젊은 여성들 사이에는 '노 브래지어'가 무슨 유행인 듯한

데, 품위 있는 현대 여성으로서는 자격 상실이다.

코르셋(corset)은 양장할 때 가슴 부분으로부터 허리 부분에 걸쳐서
의 몸 모양을 내기 위해 사용하는 것인데, 이것은 정장(正裝)인 경우에
는 반드시 착용해야 된다.

6. 옷 색의 한도

옷 색은 두 가지 또는 세 가지가 한도이다. 웃옷은 빨갛고, 스커트는
흑색, 핸드백은 초록, 구두는 백색…… 이런 식이라면 곤란하다. 아무
리 배색(配色)에 신경을 썼다 하더라도 두 가지 색 정도가 무난하다.
여러 가지 색으로 옷차림하면 그 색깔이야 어떻든 우선 산만해 보인
다. 그리고, 개성(個性) 또한 없어 보인다.

지금까지 '품위 있는 여성의 옷차림'에 관하여 여러 가지로 살펴보
았다.

J. 레이버는 "동일한 의상이라 할지라도 그것이 유행하기 10년 전에
는 흉하게 보이고, 유행 중에는 멋지게 보이며, 유행의 철이 지난 1년
후에는 초라하게 보인다. 그리고, 20년 후에는 진귀하게 보이고, 100
년 후에는 로맨틱하게 보이며, 150년 후에는 아름답게 보인다."라고
말하였다.

이처럼 옷은 시대에 따라서 그 느낌이 다르다. 그러므로, 옷차림에
관하여 TPO란 용어까지 생기게 됐다. 즉, 'T=Time(때), P=Place(장

소), O=Occasion(경우)’에 따라서 옷차림을 할 줄 알아야 참 멋을 아는 에티켓이라는 의미이다.

올바른 몸가짐

“행동은 인생의 4분의 3을 차지하며, 인생의 가장 큰 관심사이다.”

—F.M. 도스토예프스키

“어떤 인간을 판단함에는 그 사람의 말에 의하기보다는 행동에 의하는 편이 낫다. 그것은 행동이 좋지 않으나, 말은 놀라운 인간이 많으므로.”

—M. 클라우디우스

☞ **아름다운 몸매를 위한 기본 체조**

❶ 가슴을 크게 하는 운동 : 두 다리를 좌우로 벌리고 서서 양손을 뒤로 젖혀 깍지를 끼고 가슴을 펴며, 심호흡한다. 깍지 낀 양손을 위로 치키고 30초쯤 숨을 모았다가 천천히 두 손을 내리며 호흡한다. 이것을 반복한다.

❷ 각선미를 좋게 하며, 복부의 지방을 없애는 운동 · 바른 자세로 서서 양손을 앞으로 가지런히 모으되, 팔을 편 채로 발끝에 닿도록 허리를 구부린다. 이것을 반복하는 동안 정상적인 호흡을 한다.

❸ 가슴 · 허리 · 배의 운동 : 두 다리를 벌리고 서서 양손을 머리 뒤에 깍지를 끼고, 팔꿈치는 뒤로 젖히며, 호흡을 하면서 윗몸을 천천히 좌우로 돌린다.

❹ 허리 운동 : ① 두 다리를 한 자쯤 벌리고 서서 양손을 번갈아, 오른손은 왼쪽 발끝에, 왼손은 오른쪽 발끝에 닿도록 윗몸을 구부린다. ② 두 다리를 뻗은 채로 앉아서 양손이 가지런히 발끝에 닿도록 윗몸을 구부린다.

우리의 몸가짐이 얼마나 중요한지는 새삼 거론할 필요조차 없다. 특히, 여성에게 있어서의 몸가짐은 에티켓이라는 면을 떠나서, 여성의 품위 있는 몸가짐은 바로 '아름다움'과 직결된다. 현대는 모든 것이 '개방(開放)'된 시대이다. 이런 때일수록 더 올바른 몸가짐을 지녀야 보다 두드러져 보이며, 교양 있는 여성으로서의 자격이 있다고 하겠다.

❺ 허리·배의 지방을 없애는 운동 : 두 다리를 나란히 벌려 뻗고, 양팔을 좌우로 벌린 채 반듯이 앉는다. 벌린 팔을 그대로 하여 윗몸을 좌우로 뒤틀면서 오른쪽 발목은 왼손으로, 왼쪽 발목은 오른손으로 잡히게 한다.

❻ 목·배의 운동 : 반듯이 누은 후, 양손으로 등을 버티고, 두 다리를 위로 치켜서 목을 자리에 대면 거꾸로 선 포즈가 된다. 그리고, 자전거를 타듯이 양 다리를 번갈아 움직인다.

❼ 어깨·배의 운동 : ❶과 같은 포즈를 취하되, 양손으로 등을 받치면서 양다리를 될 수 있는 한 곧게 위로 뻗든지, 발끝이 머리 위의 땅에 닿게 한다.

❽ 뼈마디·허리의 운동 : 책상다리를 하고 앉아 숨을 내쉬면서 윗몸을 앞으로 구부린다. 이것을 반복한다.

❾ 등뼈의 운동 : 양다리를 나란히 하여 죽 뻗고 앉아 윗몸의 등은 똑바로 세운 판자에 착 붙게 한 후, 윗몸은 곧은 채로 앞뒤로 여러 번 움직인다.

❿ 배의 운동 : 차렷 자세로 서서 숨을 내쉬면서 허리를 뒤로 젖힌다. 이때 양팔은 그대로 내려뜨린다.

⓫ 발목의 운동 : 양다리를 벌리고 똑바로 서서 아랫배를 양손으로 누른다. 호흡을 중지하고 배에 힘을 가하며, 발끝을 위아래로 구부렸다 폈다 하는 운동을 반복한다.

⓬ 발가락의 운동 : ❶과 같은 자세를 취한 후, 발가락 끝으로 서는 듯한 포즈를 한다. 그리고, 양다리를 번갈아 이것을 반복한다. 이때 다리는 무릎 쪽으로 약간 구부린다.

⓭ 손바닥의 운동 : 자연스럽게 똑바로 선 후, 양팔을 번갈아 앞으로 뻗어 손목을 위아래로 흔든다.

⓮ 온몸 관절의 운동 : 온몸을 곧게 펴고 선 후, 양손을 위로 뻗는다. 이때 벽에 뒷몸 전체가 착 붙도록 한다. 그리고, 발끝만 땅에 대고, 마치 기지개를 하는 자세를 취한다.

1. 올바르게 선 자세

가슴은 자연스럽게 편 채 몸을 바로 세우고 두 발을 살짝 모으되, 특히 턱·배·히프가 나오지 않도록 주의한다. 그리고, 팔은 꼿꼿이 펴는 것보다는 긴장을 풀어서 약간 굽히듯이 하는 것이 좋으며, 손바닥은 약간 오므려서〔달걀 한 개를 쥔 듯이〕아래로 늘어뜨리되, 다소 앞쪽으로 향하듯이 한다.

양장(洋裝)을 한 여성이라면 발뒤꿈치는 붙이고 발끝을 약간 벌리는 듯한 기분으로 서며, 한복인 경우에는 발끝을 가지런히 붙이는 것이 좋다.

눈은 수평으로 앞을 보되 상대방을 쏘아보는 듯한 느낌을 주지 않도록 주의하고, 입술은 다물되 너무 꽉 다물면 딱딱해 보인다. 그렇다고 너무 벌리면 헤픈 사람같이 느껴지므로 그저 살짝 다물도록 한다.

특히 주의할 점은, 한쪽 발을 앞으로 내민다든지, 또 짧은 스커트를 입었을 경우 안쪽 다리가 보일 정도로 서면 안 된다.

2. 올바른 앉음새

● 양실(洋室)에서의 경우

의자에 앉을 때에는 의자 끝에 앉지 말고 의자 안쪽으로 깊숙이 들어앉고, 두 발은 곧게 내려 바닥에 가지런히 놓는다. 이때 발끝은 약간 벌려도 무방하며, 발바닥이 보이면 안 된다.

무릎은 90도 정도의 각도로 세우고, 두 무릎은 반듯하게 붙인다. 그리고, 두 손은 가볍게 포개어 두 무릎 위에 올려놓고, 손바닥이 보이면 안 된다. 두 다리·발은 왼쪽이나 오른쪽으로 약간 비스듬히 하여 앉아도 무방한데, 이때에도 역시 두 무릎만은 꼭 붙이도록. 특히, 윗사람이나 남성 앞에서는 다리를 꼬고 앉는 일이 없어야겠다.

● 온돌방에서의 경우

긴 치마를 입었을 경우에는 한쪽 무릎을 세우고 앉고, 한쪽 다리는 깔고 앉는다. 특히 짧은 스커트를 입었을 경우에는 무릎을 꿇은 자세로 앉아도 좋고 한쪽으로 비스듬히 앉아도 좋으나, 이 경우에도 역시 두 무릎만은 반드시 붙이도록 한다.

남성처럼 다리를 꼬고 앉는 것은 금물이며, 벽에 기대는 것도 좋지 않다. 허리는 자연스럽게 펴고, 목과 어깨는 힘을 빼고, 아랫배에 약간의 힘을 주면 안정감 있게 앉을 수 있다. 그리고, 온돌방의 아랫목은 윗사람이나 주인의 자리이므로 함부로 앉는 것은 에티켓에 어긋난다.

3. 이야기를 들을 때의 자세

● 양실에서의 경우

대체로 의자에 앉게 되는데, 이때 특히 윗사람 앞이라면 의자의 등이나 옆으로 기대지 앉아야 된다. 그리고, 두 다리를 꼬고 앉는 것은 금물이다.

또, 탁자 위에 있는 물건을 만지작거리거나, 두 손을 꼼지락거리는 것도 예의에 어긋난다.

● 온돌방에서의 경우

상대방과의 사이에 탁자가 있으면 무릎 꿇고 앉고, 무릎이 탁자 밑으로 들어가지 않도록 주의한다.

상대방의 이야기를 들을 때에는 부드러운 눈길을 보내며, 상대방의 눈을 쏘아보듯 하면 좋지 않다. 이럴 때에는 상대방의 가슴 정도에다 눈길을 보내는 것이 좋다. 그리고, 고개를 떨구거나 눈길을 아래로 내리깔면 무슨 꾸중이라도 듣는 듯한 인상을 주게 되므로 좋지 않다.

4. 올바르게 일어서고 앉기

두 무릎을 모은 채 허리를 좀 더 펴며 일어서되, 윗사람 앞에서라면 무릎걸음 정도로 뒤로 물러나서 두 발을 모아서 선다. 이때 눈길은 약간 아래쪽 앞에다 두며, 한눈을 팔면서 부산스럽게 일어서면 경망스러워 보인다. 윗사람 앞에서는 꿇어앉는 것이 원칙이다. 이때에는 왼발을 약간 뒤로 밀고, 그와 동시에 허리를 살며시 펴면서 뒤로 밀어낸 왼발을 앞으로 가져다가 두 무릎을 가지런히 붙이며 앉되, 약간 엉거주춤한 자세가 되었다가 두 엄지발가락 끝을 포개어 엉덩이로 살며시 누르면서 앉는다. 그리고, 윗몸을 부드럽게 세운 후 두 손을 포개어 무릎 위에 살짝 올려놓는다.

5. 올바른 걸음걸이

● 방안에서 걸을 때

발뒤꿈치를 가볍게 드는 기분으로 걷되, 보폭(步幅)은 반걸음 정도로 한다. 그런데, 속보(速步)일 때는 70cm, 옆걸음과 뒷걸음은 30cm, 반걸음은 38cm정도가 보폭이다. 그리고, 손은 흔들지 않으며, 다음 사항을 염두에 둔다.

① 문지방은 밟지 않는다.

② 장판지의 이은 선도 밟지 않는다.

③ 돗자리의 가장자리도 밟지 않는다.

④ 계단을 오르고 내릴 때는 특히 발자국 소리가 나지 않도록 조심한다.

⑤ 마루를 잔걸음으로 왔다 갔다 할 때도 소리가 나지 않도록 한다.

⑥ 아무리 바빠도 뛰지 않는다.

● 길거리를 걸을 때

가슴을 활짝 펴고 무릎을 죽죽 벋으며 발을 앞으로 내딛는다. 팔은 교대로 가볍게 내젓고, 그 진폭은 35도 정도가 좋다. 그러나, 여성은 대게 핸드백을 왼손에 들기 때문에 오른손만 30도 정도로 저으면 된다.

특히, 두 발뒤꿈치가 맞붙지 않게 발끝을 약간 벌려 걷고, 팔자(八字)걸음이 되지 않도록 한다. 그리고, 눈길은 위나 아래로 치우치게 보내지 말고, 수평앞에서 약간 아래쪽을 향하며 걷는다. 그리고, 히프를 흔들지 않도록 주의한다.

6. 올바른 인사하기

● 선 채 인사하기

바른 자세로 서서 상대방에게 일단 눈길을 보낸 후 정도에 따라 15~45도로 허리를 굽힌다. 이때 두 발을 벌리면 안 되며, 여성은 두 손을 약간 안쪽으로 모은다.

그리고, 상대방에 따라 허리를 굽히는 정도가 달라지는데, 이때 허리를 너무 굽히면 비굴해 보이고, 고개만 까딱 하는 정도라면 그것은 목례(目禮)이며 겉 인사같이 보이므로 적어도 15도쯤은 허리를 굽히되 45도 이상 굽히지는 않은 것이 좋겠다.

● 평절하기

바른 자세로 서서 절 받을 분을 향해 존경의 눈길을 보낸 후, 한쪽 발을 뒤로 밀쳐 조용히 앉으며 한쪽 무릎을 세우고서 절한다. 그리고, 두 팔은 자연스럽게 따라 내려서 바닥을 짚고, 손끝은 바깥쪽을 향하도록 한다. 절이 끝나면 살며시 두 발을 모으고 일어서서 두어 걸음 뒤로 물러선 후 윗사람의 말을 기다린다.

● 큰절하기

두 손등이 위로 향하게 펴서 손끝을 포개어 올리며, 손과 팔꿈치가 수평이 되도록 팔을 수평으로 든 채 사뿐히 앉는다. 앉는 법은 평절 에서와 같이 어느 한쪽 발을 뒤로 약간 밀치면서 조용히 다리를 구부려 앉으며, 포개어 잡은 두 손을 무릎 위에 올려놓고 고개를 약간 숙인다.

그리고, 손은 포개어 잡은 채 눈높이까지 들어 올렸다가 내려 조용히 서고, 두 손은 포개어 잡은 채로 있는다.

7. 악수하는 법

우리나라도 '악수' 가 아주 자연스런 인사가 되어, 남녀노소 모두가 어색하지 않게 악수하게 되었다. 그러나, 여기에도 에티켓이 있으니, 바로 알고 악수하도록 하자.

① 악수할 때 아랫사람이 윗사람에게 먼저 손을 내밀면 안 된다.

② 악수할 때는 바른 자세로 서서 상대방의 눈을 보면서 한다.

③ 아무리 윗사람에게라도 악수하면서 허리를 굽히는 것은 삼가는 것이 좋다. 그러나, 경우에 따라 가벼운 목례 정도라면 상관 없다.

④ 손을 세게 잡든 약하게 잡든 그것은 사람에 따라 다르겠으나, 여성은 부드럽게 잡는 것이 좋다.

⑤ 손끝을 잡는 것은 좋지 않다. 손바닥 깊숙이 잡도록 한다.

⑥ 반드시 오른손으로써 악수한다. 왼손잡이인 경우라도 마찬가지이다.

⑦ 손에 땀이 났다든지 손이 더러울 때에는 양해를 구하든지 피하도록 한다.

⑧ 여성끼리라면 몰라도 남성과 악수할 때 남성이 악수한 손을 흔든다고 해서 같이 흔들지는 않는다.

⑨ 상대방이 손을 세게 쥐었을 때 이쪽에서 힘없이 그냥 내맡기는 듯

한 것도 에티켓에 어긋난다. 상대방과 같은 힘을 주어 세게 쥘 필요까지는 없겠으나, 어느 정도는 세게 쥐어서 반응을 보이는 것이 바람직하다.

⑩ G.체르라는 사람은 "손에다 하는 키스는 존경의 키스이다."라고 하였다. 그러므로, 남성이 악수하면서 손에다 키스해 올 때에는 다소곳이 받아들이는 것도 에티켓이다.

☺ '아저씨', '아줌마' 하고 무턱대고 부르면 불쾌하게 들릴 수도 있다.

오늘날, 생면부지(生面不知)인 사람을 부를 때 무턱대고 "아저씨, 여기가 어디죠?"또는 "아줌마, 이거 얼마죠?"와 같이 '아저씨', '아줌마'라는 말을 흔히들 쓰고 있다 그리고, 상대방이 미혼 여성인 경우에는 '아가씨'라고 서슴없이 부른다. 물론 그 호칭 자체의 의미가 나쁘다는 것은 아니다. 그러나, 문제는 너무나도 흔히 쓰인다는 데에 있다. 그래서, 경우에 따라서는 속(俗)되게 들릴 때도 있어 불쾌하기까지도 한 것이다.

　누구에게든 성명(姓名)이 있다. 그 이름을 부르는 것이 가장 좋지만, 잘 알지도 못하는 사람이라면 "실례합니다만……" 혹은 "말씀 좀 묻겠습니다."정도로써 호칭 대신 말문을 여는 것이 무난하다. 그리고, '아가씨'라고 호칭하는 경우도 상대가 비록 나이 어릴지라도 성인(成人)이라면 'OOO씨' 또는 '미스 △' 정도로 불러 대하는 것이 좋다.

4장

교양 있는 직장 생활

출근길에서부터 직장 생활은 시작된다.

● "안녕하셨어요?"

직장을 향하여 집을 나서는 순간부터 하루의 직장 생활은 시작되는 것이다. 그러므로, 가족에게 "다녀오겠습니다."라 인사하고 집을 나서는 것은 물론이거니와, 아파트라면 관리인에게, 또는 동네 사람을 만나면 환한 얼굴로 먼저 "안녕하셨어요?" 정도의 인사를 하는 것은 하루를 즐겁게 스타트하는 길이다.

설령 지난밤에 무슨 일로 다투어 기분이 언짢더라도 아침 인사만은 꼭 하는 것이 옳다. 이렇게 하면, 그날 퇴근길에 다시 만날 때까지는 어느 정도의 시간이 흐르므로 피차 다시 생각해 보게 되어 기분도 많이 풀리는 법이다.

● 집을 나서기 전에는 다시 한 번 더 거울 앞에 설 것

집을 나서면 그 순간부터 당신은 이미 회사의 일원인 것이다. 가슴에 단 회사의 배지(badge), 회사의 역사와 신용이 담긴 이 배지는 여

러 사람이 보게 되므로, 당신의 행동 하나하나는 그 회사를 대표하는
것이 된다. 그리고, 그들은 우선 당신의 옷차림을 보게 된다. 그러므
로, 집을 나서기 전에는 반드시 거울 앞에 다시 서서 다음과 같은 점
을 체크해 보는 것이 바람직하다.

① **머리** : 다시 한 번 더 빗질하여, 머리, 어깨를 살핀다. 버스에서 어
  깨 언저리에 비듬이 떨어져 있는 사람을 우리는 가끔 보게 된다.

② **귀** : 버스 같은 데에서는 얼굴 정면보다는 특히 귀가 더 눈에 잘
  띈다. 이때 귀에 때가 끼었다면 곤란하다.

③ **이 · 손톱** : 잇몸에 음식 찌꺼기가 끼지 않았는지를 다시 확인한
  다. 그리고, 손톱에 때가 낀 채 서류 등을 윗사람에게 내미는 것
  은 불쾌한 일이다. 또, 손톱이 길다든지 매니큐어(manicure) 손
  톱은 직장 여성에게는 금물이다.

④ **옷** : 구김살이 진 데는 없는가, 실밥 등이 붙지는 않았는가, 옷이
  터진 데는 없는가, 얼룩진 데는 없는가 등을 체크한다. 직장에 청
  바지 차림으로 출근하는 사람은 없을 것이다.

⑤ **구두 · 스타킹** : 구두는 전날에 닦아둔다. 아침 출근길에 닦게 되
  면 손이 더러워지게 된다. 요즘 항간에 '노 브라 노 스타킹' 이 무
  슨 유행이나 되는 듯한데, 품위 있는 현대 여성이라면 이런 일은
  없을 것이다. 스타킹은 되도록 살빛이 무난하다.

⑥ **낯빛 · 눈** : 전날의 피로 때문에 낯빛이 창백하다 하여 지나친 화
  장으로써 커버하려고 하지는 말 것. 짙은 화장은 삼가고, 항상 기
  본 화장 정도가 좋다. 그리고, 직장 여성의 아이섀도우(eye
  shadow)는 금물이다.

⑦ 신분증·수첩 : 옷을 갈아입거나 핸드백을 바꿔 들었을 때 잊기 쉬운 것이 이 신분증과 수첩이다. 주민 등록증은 물론이고 회사 신분증, 그리고 전화번호가 적혔거나 메모하기 위한 수첩은 필기 용구와 함께 챙기도록.

⑧ 손수건 : 날마다 깨끗한 것으로 최소한 두 장 정도는 반드시 휴대 하도록. 색깔이 짙거나 무늬가 어지러운 것보다는 단색 손수건이 직장인들에게는 가장 잘 어울린다.

⑨ 기타 : 어제 맡아 가지고 온 서류는 없는가, 출근 도중에 윗사람으 로부터 부탁받은 일은 없는가 등을 수첩을 보며 다시 체크한다.

> ☺ **직장 생활의 3원칙**
>
> ❶ 상대방의 입장을 존중한다.
> 나보다는 상대방의 입장을 더 존중하고 이해하며, 주위 사람들에게 폐가 되 지 않도록 행동하는 것이 직장 생활의 에티켓 제1원칙이다.
> ❷ 약속은 반드시 지킨다.
> 회사에 채용된다, 근무한다는 것은 일종의 계약이므로, 회사의 규칙을 지키는 것도 '약속'이다. 아무리 사소한 일이라도 '약속'을 했다면 그것은 바로 '중 요한 일'인 것이다. 뭐든지 "염려 마세요." 또는 "잘 알겠어요."하며 큰소리치 지 말고 그 약속을 지킬 수 있을 지를 미리 생각해야 된다.
> '약속한 것을 꼭 실행하는 태도', 이것이 바로 에티켓이다.
> ❸ 능률을 생각한다.
> 직장은 능률적인 생산성을 따지는 사회이다. 아무리 일이 어렵다든지 일에 꼼꼼하다고 해도 하루 종일 꿈지럭거려 하나도 제대로 매듭을 짓지 못한다면 직장인으로서는 부적격이다. 회사는 '할 수 없는 일'을 당신에게 요구하지 않 으며, 그 일에 소요되는 시간쯤은 미리 계산하고 있는 것이다.

● 올바른 자세로 힘 있게 걸을 것

앞에서 말한 바와 같이, 집을 나설 때부터 회사일은 이미 시작된 것이다. 그러므로, 한눈을 판다든지, 어깨를 축 늘어뜨리고 힘없이 걷는다든지, 땅을 내려다보며 걷는 일은 없어야 하겠다.

● 버스 승강구 쪽에 서지 말 것

버스나 전철역에서 친구를 만나면 승강구 쪽에 서서 큰 소리로 얘기하는 사람을 흔히 보게 된다. 출근길이 바쁜데 잡담할 시간이 어디 있겠는가. 또, 승강구를 가로막고 서 있으면 다른 사람들은 승하차하기 불편하여 눈총을 받게 된다.

● 차 안에서 무릎을 포개지 말 것

건방져 보이는 것은 고사하고라도, 우선 좁은 차 안이므로 구두 끝이 다른 사람의 옷에 닿게 된다. 또, 자세도 불안정하여 차가 움직일 때마다 옆 사람의 몸에 닿게도 된다. 차안에서는 단정히 앉아서 오늘 하루의 일과를 생각해 보는 것도 센스 있는 일이다.

● 자기 부서 모두에게 먼저 인사할 것

회사에 도착하면 사무실에 들어서면서 모든 사람이 다 들을 수 있게 "안녕하십니까?" 정도의 인사를 밝은 목소리로 먼저 한다. 어떤 특정한 윗사람이나 동료에게만 인사하는 것은 옳은 일이 아니다. 그리고, 어제 특히 신세를 진 사람이 있다면 그 사람 앞에 가서 "어제는 폐가 많았습니다."라든지 "어제는 고마웠습니다."라고 인사하는 것이 에티켓이다.

● **직무 시간이 되면 잡담을 그칠 것**

아침 인사가 끝나면 동료와 잡담하게 된다. 어제의 일이라든지 오늘의 뉴스 등 궁금한 일을 서로 얘기하다 보면 근무 시간이 된 줄도 모르게 되는 수가 많다. 근무 시간이 되면 아무리 중요한 이야기라도 그것은 사적(私的)인 것이므로 중단하도록 한다. 그리고, 근무 시간 전이라도 자기 의자에 앉아서 하루의 업무를 준비하는 것이 바람직하다.

● **퇴근할 때에도 꼭 인사할 것**

우선 윗사람 앞에 가서 "먼저 돌아가겠습니다." 정도의 인사를 한 후 퇴근하도록 한다. 이것은 에티켓이기도 하지만, 업무 면에서도 중요하다. 즉, 자기 부하 직원 누가 퇴근했는지도 모르고 계속 찾게 되는 수도 있기 때문이다. 동료 간이라면 "안녕!" 정도로서 무난하다.

그리고, 퇴근 전에는 윗사람이 부탁한 일, 또는 오늘 하다가 다 못한 일 등을 다시 한 번 체크해 두는 것이 좋다. 만일 윗사람으로부터 내일 출근길 9시에 △△회사에 들렀다 오라는 지시를 받았다면, "그럼 내일 아침 9시에 △△회사에 들렀다가 출근하겠습니다." 하고 확인하여 안심시킨 후에 퇴근하는 것이 좋다.

근무 시간의 에티켓

● 윗사람이 불렀을 때의 대답은 "예."

윗사람 또는 동료가 불렀을 때에는 반드시 부른 사람 쪽을 향한다. 다른 데를 보면서, 또는 일을 계속하면서 "왜요?" 등으로 대답하는 것은 올바른 에티켓이 아니다.

우선 부른 사람을 향하여 "예." 하고 대답한 후 "잠깐만 기다려 주세요."라고 한다. 그리 고, 곧바로 그 사람 앞으로 가서 "무슨 일이십니까?" 하며 이야기를 기다린다.

● 회사의 직위에 붙이는 '님'

무조건 '님' 자를 붙이는 풍조가 우리 사회에는 뿌리박혀 있다. 그러나, '사장' 또는 '부장' 이라는 직함에다 '님' 자를 붙여 사장님·부장님' 하는 등은 합당치 않다. '님' 대신 '께서'를 붙여 '사장께서·부장께서' 라고 하는 것이 좋겠다.

그러나, 문제는 모두가 '님' 자를 습관적으로 붙인다는 점이다. 이럴 때에는 그 회사 습관대로 따르는 것이 좋다. 자기 혼자만 '사장·부장' 하고 부르면 쑥스럽기도 하고, 또 오해받기도 쉽다. 다른 사람의 기분을 상하지 않게 하는 일, 어떤 질서를 흩트리지 않는 일도 에티켓이다.

● 다른 사람을 부를 때는 타이밍이 중요

윗사람이 당신을 부르면 즉시 "예."하고 대답해야 한다. 아무리 눈

코 뜰 새 없이 바빠도 그래야 한다. 그러나, 당신이 다른 사람을 부를 때는 그렇지 않다. 우선 부를 그 사람을 보도록 한다. 지금 자판을 열심히 누르고 있는 사람이라면 대답할 겨를이 어디 있겠는가. 그러므로, 불러야 할 상대의 형편을 본 후 적당한 기회에 부르는 것이 에티켓이다.

만일, 불러야 할 상대가 다른 사람과 이야기 중이라면 그 대화가 끝날 때를 기다려 부르고, 이쪽이 급할 때에는 "말씀 도중에 미안합니다만…" 하고 양해를 구한다.

● 부르는 소리를 못 들은 동료에게는 일러 준다

윗사람이 자기 곁의 동료를 부르는데 그 동료는 그 소리를 못 들어서 멍한 경우도 흔히 있는 일이다. 이럴 때에는 옆 동료에게 누가 부른다고 일러주는 친절쯤은 베풀어야 한다. 내 일 아닌 남의 일인데 무슨 상관이냐고 그냥 지나칠 일이 아니다.

● 의자에 앉아서의 에티켓

테이블과 윗몸 사이에 너무 간격이 생기지 않도록 의자를 당겨 앉는다. 옆을 향하어 테이블에 비스듬히 기대앉거나, 테이블에 윗몸을 바짝 구부린 자세로 앉는 것은 남이 보기에도 좋지 않다. 특히, 휴식 시간일지라도 테이블에 걸터앉거나 다리를 올려놓는 것은 금물이다. 또, 테이블 밑이라도 다리를 꼬고 의자에 앉는 것은 좋지 않다. 자세가 흐트러지기 때문이다. 그리고, 다음 사항만은 꼭 지키도록 한다.

① **잡담** : 가장 잘 아는 일이지만, 그래서 어기는 경우가 허다하다.

회사는 공적(公的)인 사회이다. 그러므로, 어떤 일이 있어도 근무 시간 중에 옆 사람과 잡담해서는 안 된다.

② 독서 : 회사일 에 직접 관계가 되는 독서야 권할 일이지만, 그렇지 않은 독서는 삼가야 한다. 아무리 할 일이 없다 하더라도, 특히 저속한 주간지 등을 읽는 일은 극구 삼가도록, 하던 일이 다 끝나서 한가하거든 동료의 일을 거들어 주어도 좋고, 내일의 일을 체크해 둘 수도 있을 것이다.

③ 턱 받치기 · 하품 : 근무 시간이 아무리 따분하더라도 턱 받치고 있는 직장 사람은 꼴사납다. 또, 늘어지게 하품하는 것도 매한가지이다. 옆 사람에게까지도 일에 대한 의욕을 잃게 하므로 더욱 나쁘다. 부득이한 경우에는 이마를 손끝에다 살짝 받치는 정도로 하고, 하품은 누가 보지 않게 입에 손을 대고 하되, 소리 나지 않도록.

④ 화장 · 요지 · 껌 씹기 : 흔히 점심 식사 후 이런 일들을 흔히 보게 된다. 테이블에서 화장을 고치는 일은 숙녀가 취할 태도가 아니다. 화장은 물론 화장실에 가서 살짝 하고, 요지도 마찬가지이다. 스포츠맨들은 경기장에서 껌을 씹는 경우가 많으나, 무슨 일이 있어도 근무 시간에 껌 씹는 일은 없어야겠다.

⑤ 옷 갈아입기 : 회사 유니폼이 있는 경우라면 문제될 것 없다. 그런데 자유복일 경우, 오전에 입었던 스커트나 블라우스를 점심시간 등을 이용하여 다른 옷으로 갈아입는 것은 금물이다. 요즘은 개인용 로커(locker)가 배치 되어있는 회사가 많다. 그래서, 그 속에는 한두 벌쯤 여유 있게 옷을 비치해 두는 것도 좋다. 그러나,

이것은 퇴근 때 이용하도록 한다. 퇴근 후 연인을 만나기로 되어 있다면, 그 사람이 좋아하는 스타일의 옷으로 바꿔 입어서 나쁠 것은 없다.

● 함부로 자리를 비우지 말 것

직장은 자기를 수호하는 성(城)이라고도 할 수 있다. 이 '성' 안에서는 어떤 일이 있을지도 모른다. 그러므로, 특별한 경우를 제외하고는 자기 자리를 비우지 않는 것이 좋다.

그리고, 화장실쯤 갈 때마다 옆 사람에게 알릴 필요는 없겠지만, 예컨대 아래층이나 별관에 있는 경리과에 간다든지 할 때에는 반드시 옆 사람에게 행선지를 알린 후에 자리를 비워야 한다. 윗사람이 당신을 급히 찾는데 아무도 아는 사람이 없으면, 실은 중요한 일로 자리를 비웠더라도 미움을 사게 된다.

또, 자리를 비울 때에는 물론 의자를 반듯하게 들여 놓는다. 이것은 실내 통행에 방해가 되지 않도록 하기 위함이라지만, 이런 일로써도 그 사람의 성품이 나타나 보이기 때문이다. 물론, 서랍도 닫아 놓고 자리를 비우도록.

● 회사 내에서는 조용히 걸을 것

실내라면 특히 더 조용히 걸어야 된다. 바쁘다고 하여 뛰어본들 몇 초나 단축하겠는가. 그보다는, 뛰어다니면 침착치 못해 보이며, 또 이리저리 뛰다 보면 옷차림·몸가짐이 흐트러져서 칠칠치 않아 보인다.

그리고, 회사 복도 같은 데에서 윗사람이나 회사를 찾아온 손님을 만나면 가볍게 목례(目禮)하도록 한다. 하루에도 몇 번씩 만나는 윗사람에게 그 때마다 일일이 절을 해야 하느냐고 반문할지 모르나, 인사해서 손해될 일은 하나도 없는 법이다. 그래서, 목례 정도를 하라는 것이다.

또, 윗사람과 함께 실내를 걸을 때에는 왼쪽으로 반걸음쯤 쳐지는 기분으로 따른다. 옥외라면 오른쪽으로 반걸음쯤 뒤에 서서 걷도록 한다. 그리고, 길을 따라 건물이나 담이 있으면 여성은 인도의 길 쪽으로 서야 된다. 물론, 회사 내가 아니라도 인도 쪽에 여성이 서는 것이 에티켓이지만. 여성은 안전한 쪽에 서야 하는 법이다. 그러나, 건물이나 담이 없는 길이라면 이와는 반대이다. 즉, 차도(車道) 쪽에 남성이 서도록 되어 있다.

● 화장실에서의 에티켓

화장실에 뛰어 들어간다든지, 나오면서 손수건에 손을 닦는 등은 품위 없는 사람들이나 하는 행동이다. 조용히 드나들 것이며, 옷매무

새 등은 화장실 안에서 완전히 바로잡은 후 나온다.

특히 주의할 점은, 화장실 내에서는 아무리 가까운 친구간이라도 불필요한 잡담은 삼가라는 것이다. 더구나 다른 사람의 흉을 본다든지 회사에 대한 불평 등을 늘어놓았다가는 얼굴 붉히게 되는 일이 허다하다. "낮말은 새가 듣고……" 하지 않았는가. 이상할 정도로 화장실 내에서의 이야기는 더 똑똑히 들리는 법.

직장에서의 말씨

1. 올바른 말〔言語〕의 선택

인생이란 그 자체가 대화(對話)의 연속이라고도 할 수 있다. 그 중에서도 직장에서의 말은 참으로 중요하다. 그러므로, 직장인으로서 대화에 필요한 조건을 제시해 둔다.

● 알기 쉬운 말을 쓰자

쉬운 말이라고 하여 저급하게 생각한다면 그것은 큰 잘못이다. 오히려 '속 빈 사람' 일수록 어려운 말을 애써 더 떠들어대는 법이다. 또, 쉬운 말에 대한 어휘가 부족한 때문이기도 하다. 되도록 누구에게나 다정스럽게 통하는 쉬운 우리말을 사랑하자.

그리고, 전문 용어·학술 용어도 가급적 피하는 것이 좋다. 일반적으로 직장인은 그런 고차적(高次的)인 지식을 필요로 하는 업무 담당이 아니기 때문이다. 또, 외래어의 사용도 신중을 기하는 것이 좋다. 그러 나, 꼭 필요한 때, 이를테면 외국 기계 이름이나 약품 이름 등은 어쩔 수 없는 일이다.

특히 주의해야 할 점은 은어(隱語)·속어(俗語)의 사용이다. 요즘 일부 학원가(學園街)에서는 낯 붉혀지는 이런 은어·속어 사용이 유행인 듯하다. 그러 나, 교양 있는 직장인이라면 이런 말을 입에 올리지는 않을 것이다.

● 표준어를 쓰자

지방 사투리는 문화적 가치가 있는 것이다. 그러나, 각 지방 사람이 모두 모인 회사 내에서 각각 저마다 억양 등이 다른 사투리를 쓴다면 어떻게 되겠는가. 더구나 그 뜻을 알 수 없는 사투리라면 어찌 되겠는가. 언어의 사명이 정확한 의사 전달인 이상, 한정된 지역 내에서만 통하는 사투리를 사용하는 것은 적어도 직장 내에서는 바람직하지 않다.

그러나, 세일즈 담당의 사원이 경상도 출신의 고객을 위하여 경상도 말씨를 쓰는 것은 오히려 친근감을 주게 될 수도 있다. 이런 일은 때와 장소에 따라 애교쯤으로 받아들여질 수도 있으나, 역시 표준어를 쓰도록 노력하다.

● 거래상의 관용어(慣用語)에 익숙해지자

아무리 쉽고 부드러운 말을 쓰자고 해서, 거래상 꼭 필요한 관용어를 쓰지 말자는 것은 아니다. 오히려, 거래 관계에 필요한 관용어라면 그것을 사용하는 것이 에티켓이다. 즉, 다음에 보이는 상업 약어(商業略語) 등은 그대로 사용하는 것이 좋다.

☞ **거래상 필요한 주요 관용어 [英文]**

AQ = Achievement : 성업률(成業率)
B/E = bill of exchange : 환어음
B/L = bill of landing : 선하 증권
B/S = balance sheet : 대차 대조표
C/A = capital account : 자본 계정
　　 = current account : 당좌 계정
CIF = cost, insurance and freight : 보험료 및 운임 포함 가격
DL = Development Loan : 개발 차관
FAS = Free from Alongside Ship : 본선 선측 인도
FCA = Foreign Currency Authorization : 외화 승인
KS = Korean (Industrial) Standard : 한국 공업 규격
L/C = letter of credit : 신용장
L/G = letter of guarantee : 인수보증서
LTD = Ltd. = Limited : 유한 회사
PA = purchase acknowledgement : 구매 승인서
PI = prize index : 물가 지수
D.t. = Debt : 차변(借邊)
B/ce = Balance : 잔고(殘高)
Ct. = Credit : 대변(貸邊)
A/c = Account : 도합(都合)
B.B. = Bank bill : 은행 어음
B/P = Bills payable : 지불 어음
P/N = Promissory note : 약속 어음
Agt = Agent : 대리점
B/O = Brought over : 이월(移越)
Ch = Check : 수표
Com = commission : 수수료
M/se = merchandise : 상품
Nt/P = Net prise : 정가
O = Order : 주문
O/A = on account : 외상(~의 계산으로서)

● **적절한 호칭을 쓰자**

호칭, 특히 존칭은 상대방에 적절하지 않으면 실례가 된다. 예컨대, 거래선의 '부사장'을 만났을 때 '사장'이라고 부른다든지, '상무'를 '전무'라고 부르는 것은 잘못이다. 상대방을 높여 주면 좋아하겠지 하는 생각일지는 모르겠으나, 오히려 놀려대는 것으로 오해하여 불쾌하게 여길 것이다. 또, 상대방의 직위를 낮춰 부르는 것도 큰 실례이다.

그런데, 자기도 모르는 동안에 상대방의 직위가 바뀌는 경우에는 어떻게 하면 좋을까? 이런 때에는 상대방의 비서, 또는 그 회사 사정 등을 잘 아는 사람으로부터 상대방의 신분을 먼저 확인해 두는 것이 좋다.

직장에서의 존칭이 가장 적절치 않게 쓰이는 것은 선배나 후배에 대한 호칭이다. "○○선배"라고 불러 틀린 것은 아니지만, 되도록 "○○○씨"라고 부르는 것이 합당하다. 후배인 경우도 마찬가지이다. 여직원끼리 "김 언니" 식으로 부르는 것은 다정해 보이지만, 회사 안에서는 역시 "△△△씨"라고 부르는 것이 가장 무난하며 또 정중하게 느껴진다. 또, 사환이라고 해서 "야! 아무개야!" 하는 식보다는 "○○군"또는 "△△양" 정도로는 불러주어야 되지 않겠는가.

2. 직장에서의 대화 자세

① 말하는 도중에 주위를 두리번거리지 말고, 상대방의 눈을 조용히 진지하게 쳐다본다. 그러 나, 너무 뚫어지게 쳐다보지 말고, 눈과 가슴 사이 정도에 눈길을 두면 가장 무난하다.

② 대화중에 실없이 웃는 것은 실례이다. 상대방의 얘기 내용이 우스워서 웃음으로써 반응을 보이는 것은 나쁘다고 할 수 없겠으나, '미소' 머금은 정도의 품위를 잃지 않도록.

③ 상대방의 얘기 도중에 "아, 그래요!" 또는 "그것 참!" 정도의 맞장구를 치는 것은 효과적인 대화법이다. 그러나, 너무 자주 그러면 오히려 실례가 될 수도 있다.

④ 얘기하는 상대방을 아래위로 이리저리 훑어보지 말 것이며, 하품을 한다든지 테이블에 놓인 서류 등을 만지작거리지 말 것.

⑤ 세 사람 이상이 대화할 경우엔 두 사람만의 얘기가 되지 않도록 주의한다.

⑥ 괜히 굽실굽실 거리는 비굴한 태도는 삼가고, 그렇다고 고개를 쳐들어 얕잡아보는 태도 또한 좋지 않다.

⑦ 상대방이 윗사람이나 남성이라면 특히 무릎을 꼬고 앉지는 말 것. 또, 무릎 사이를 벌리고 앉아도 안 되며, 무릎 위에 팔꿈치를 올려놓고 얘기하는 것도 실례이다.

⑧ 대화 도중에 전화가 걸려 왔거나 급한 용무가 있을 때에는 "잠깐 실례하겠습니다." 하며 양해를 구한다. 그리고, 일이 끝나 돌아왔을 때에도 "죄송합니다." 히며 양혜를 구한다.

⑨ 상대방이 싫어하는 화제(話題)는 피할 것. 이러기 위해서는 평소에 상대방의 취미나 지식 정도 등을 세밀히 관찰해 두는 센스가 있어야 한다.

⑩ 평교(平交) 사이에는 특정 종교나 정치 이야기 등은 피하는 것이 철칙이다. 또, 사업상의 대화가 아니라면 돈 이야기도 피하는 것이

좋다. 그리 고, 상대방의 이야기를 미주알고주알 자꾸 캐어묻는 것
도 실례이다.

⑪ 면담(面談) 전에 몇 분 동안이라는 시간 약속이 있었으면 반드시
그 시간을 지킬 것. 10분간 면담하기로 해 놓고 30분을 끌면 큰 실
례이며, 또 상대방의 다음 스케줄을 어긋나게 해서는 안 된다.

⑫ 면담이 끝났으면 "귀중한 시간을 베풀어 주셔서 고마웠습니다."
정도의 인사는 반드시 한다. 면담 성과가 신통치 않다고 그냥 헤어
지면 안 된다.

⑬ 상대와의 대화에 있어서 의견이 일치되지 않는다고 '말싸움' 이 되
면 안 된다. 이런 때에는 "아무래도 의견이 일치되지 않는군요. 오
늘은 이만 하시고 다음에 다시 이야기하는 게 어떨까요? 저도 다
시 잘 생각해 보겠습니다." 정도로 하고 일단 대화를 마무리 하는
것이 좋다.

⑭ 대화중에는 나보다는 상대방의 입장을 더 존중할 것. 이러기 위해
서는 상대방의 이야기를 끝까지 성의 있게 들을 줄 알아야 하고,
또 상대방의 화제와는 동떨어진 이야기를 꺼내지 않도록 한다.

직장에서의 대인(對人) 관계

1. 윗사람과의 관계

● 사람 위에 사람 있다

"사람 위에 사람 없고, 사람 밑에 사람 없다." 이것은 인권 주간에나 통하는 표어이지, 직장에서 통하는 사고방식은 아니다. 직장은 '계급 사회'라고도 할 수 있다. '너나 나나 다 같은 월급쟁이'라는 사고방식이라면 큰일이다.

그런데, 윗사람을 대하는 데에는 대체로 두 가지 타입이 있다. 즉, 첫째는 출세를 위해 무조건 아부하는 타입과, 둘째는 위에서 말한 바와 같이 '너＝나'라는 타입이다.

위의 두 가지 타입은 모두 옳지 않다. 첫째 타입과 같은 사람이 승진도 빠르고 한다면 그 회사는 이미 근대 기업에서 더 이상 성장을 기대하기는 어렵다. 둘째 타입도 매우 위험하다. 물론 부장이나 과장도 나와 같은 월급쟁이임에는 틀림없다. 그러나, 회사는 각자의 직분·기능이 있고, 또 계통이 있는 것이다. 윗사람이라면 아무튼 나보다는 나이가 많든지 경력이 많든지 실력이 있는지 할 것이다.

● 지시를 바르게 받는 법

윗사람에게 지시를 받을 때 그저 "네, 네" 하는 '예스 맨(yes man)', 또 지나치게 굽실대는 사람은 올바른 에티켓을 모르는 사람이다.

윗사람으로부터 지시를 받을 때에는 반드시 메모하는 것이 습관화되어야 한다. 그래야만, 지시하는 사람은 이 사원이 잊지 않을 것임을 믿게 된다. 그리고, 지시 내용이 애매할 때에는 그 자리에서 물어 확인해야 된다. 어물쩍 넘어갔다가는 실수를 저지르게 된다.

또, 지시를 다 받았으면 메모한 것을 보며 요약하여 확인해 두도록 한다. 군대식으로 말하면 복창(復唱)이라고 할 수 있다. 그래야만 후에 가서 책임 소재도 분명해지고, 우선 윗사람이 안심하게 된다.

지시받기 위해 윗사람 방으로 들어갔을 때에는 "○○과의 △△△입니다. 하며 바른 자세로 서서 인사한다. 윗사람 테이블 곁으로 가는 것은 금물. 테이블 앞에 한 걸음쯤 떨어져 서서 메모지를 들고 지시를 기다린다.

● 보고(報告)하는 요령

윗사람이 "○○○씨, 경리과에 좀 다녀오십시오."라고 했는데, 경리과에 갔다 온 후 잠잠하면 안 된다. 지시를 받은 후 실행했으면 반드시 보고해야 된다.

그리고, 지시를 받았을 때 그것을 동료에게 미루어서도 안 되고, 그 결과도 자신이 직접 보고해야 된다. 보고하려고 할 때 지시한 사람이 자리에 없을 때에는 반드시 메모하여 테이블 위에 놓고, 그 사람이 나타나면 "지시하신 일의 결과를 제가 메모해 두었는데, 보셨습니까?" 하며 확인해야 된다.

또, 다른 직원들이 알아서는 안 될 보고라면 직접 말로써 하지 말고, 이때에는 메모하여 전하는 것이 윗사람에 대한 에티켓이다.

● 꾸중을 들었을 때

실수 없는 사람이야 어디 있겠는가. 사소한 실수로 인하여 윗사람이 꾸중하거나 주의를 줄 때, 특히 다른 사원들 앞에서라면 참으로 속상할 것이다.

그래서, 흔히 변명하거나 남의 탓으로 돌리는 수가 많다. 그러나, 당신이 분명히 실수를 저질렀다면 그 사실을 솔직히 인정하는 것이 옳다. 그래야 윗사람도 '한 번 실수는 병가지상사(兵家之常事)' 쯤 으로 해 두지만, 자꾸 변명하면 더 화가 나는 법이다.

"죄송합니다. 제 부주의였습니다. 앞으로 조심하겠습니다." 이렇게 나와야만 윗사람은 당신을 보다 더 아끼고 용서하게 되는 것이다. 그리고, "이 일은 제가 언제까지 어떻게 처리하여 보고하겠습니다." 하면 얼마나 좋은가.

그런데, 문제는 전혀 내 잘못이 아닌데도 야단을 맞았을 때이다. 예를 들면 분명히 어제 보고했는데도, "△△△씨, 왜 아직 보고하지 않습니까? 이래서야 어디…" 하는 식이다. 이럴 때 "농담 마세요. 어제 보고했잖아요?" 하면 될 법이나 한가.

이런 경우에는 "어제 오후 ×시에 이 자리에서 보고 드린 것으로 기억합니다만……" 이런 식으로 말하되, 상대가 무안해 하지 않도록 나지막한 목소리로 부드럽게 말한다. 그래도, "아니, 보고받은 적 없소."라고 할 때에는 보고했노라고 자꾸 우기지 말고, "그럼 그 서류를 지금 곧 다시 제출하겠습니다."라고 하면 된다. 후에 윗사람이 자신의 실수였음을 알게 된다면, 당신의 그 폭 넓고 깊이 있는 아량과 아름다운 에티켓에 감탄할 수밖에. 윗사람도 아랫사람이나 마찬가지로 실수할 때도 있지 않겠는가.

또, 꾸중을 들은 사항이 도무지 납득되지 않을 때도 있을 것이다. 이럴 때에는 일단 "조심하겠습니다." 정도로 해 두는 것이 좋다. 동료들 앞에서 자꾸 따지고 들면 어떻게 되겠는가? 윗사람이나 당신이나 둘 중 한 사람이 결국은 잘못한 것이 되지 않겠는가. 윗사람을 동료들 앞에서 무안을 주겠다는 심사가 아니라면 내 잘못이라고 일단 시인하고 물러서는 것이 또한 에티켓이다.

일단 물러났으면 자기 의견과 윗사람의 주의를 잘 검토해 본 후에 때를 보아서, 가급적이면 동료들이 보지 않을 때에 나지막한 목소리로 "조금 전의 일 말씀입니다만, 저도 반성해 보았습니다. ……이렇게 하는 편이 역시 좋지 않을까 생각됩니다만, 어떻겠습니까?" 이렇게 하는 것도 좋은 방법일 것이다.

2. 윗사람이 싫어하는 여사원 타입

① 옷차림이 단정치 못한 여사원.

윗사람이 아니더라도 이것은 첫눈에 싫어진다. 화장이 짙은 여사원도 마찬가지. 자연미를 살린 단정하고도 깨끗한 옷차림과 화장은 직장 여성의 첫째 조건이다.

② 대답이 불분명한 여사원.

무슨 일로 부르거나 지시할 때 대답도 않고 멍한 사람을 누가 좋아하겠는가. 게다가 일도 느리고…… 밝은 얼굴, 또렷한 대답, 재빠르고 빈

틈없는 일솜씨— 이래야만 윗사람으로부터 사랑받고 신임 또한 두터워진다.

③ 공적(公的)·사적(私的)인 한계가 분명치 않은 여사원.

회사의 공용(公用) 비품을 개인적인 일에 사용하는 여사원, 근무 중에 사적인 잡담이나 일을 하는 여사원, 개인적인 일로 수화기를 오래 차지하는 여사원, 회사일도 아닌데 툭하면 자리를 비우는 여사원……이런 여사원을 좋아할 윗사람은 없다. 회사의 편지 봉투 하나라도 사사로운 일에는 사용치 말 것.

④ 지나치게 비위를 맞추려 드는 여사원.

윗사람을 잘 따르는 일과 비위를 맞추는 일과는 그 성질이 다르다. 마음에도 없는 비위 맞추기는 아첨이며, 윗사람은 그 정도쯤 금방 꿰뚫어 볼 줄 안다. 그리고, 윗사람을 대함에 있어서 선생인지 아저씨인지 오빠인지 모를 식으로 상대하면 안 된다. 회사에서는 직장인으로서의 에티켓 이상으로 다정한 것도 위험하며, 이것 또한 아첨으로 오해받기 쉽다.

⑤ 금방 토라지거나 풀이 죽는 여사원.

조금만 주의를 주어도 토라지거나 풀이 죽어 일도 제대로 못하는 여사원— 이런 여사원을 대하는 윗사람의 심사는 어떨까? 또, 아예 결근·조퇴해 버리거나 변명만을 늘어놓는 여사원은 직장인으로서의 자격이 없다.

⑥ 혼자 해결할 수 있는 일도 자꾸 물으러 오는 여사원.

'아는 길도 물어서 가라' 라지만, 이것도 지나치면 귀찮아진다. 윗사람도 할 일이 태산 같은데 부하 여직원의 물음에 일일이 답변하자니 짜증도 나게 된다. 당신에게 주어진 일은 어디까지나 스스로 해결해 보도록. 실력 없고 요령 없다는 낙인은 찍히지 말자.

⑦ 의견을 물어도 답변하지 못하는 여사원.

회사의 발전을 위하여 윗사람이 당신의 의견을 요구했을 때 우물쭈물 묵묵부답이어서는 곤란하다. 지금까지 쌓아온 당신의 지식 정도 내지는 훌륭한 아이디어를 발휘할 절호의 기회가 온 것이니, 너무 소심(小心)하지 말고 기꺼이 발표하라. 이때, 회사의 나쁜 점도 여성 특유의 날카로운 관찰력으로써 파헤쳐 발표한다면 더욱 좋다. 현대 여성은 얌전만 하면 다가 아니다. 현대 여성은 씩씩하기도 한 것이다.

⑧ 일에 자신감이 없는 여사원.

씩씩하고 자신감 넘치는 태도 – 이것은 현대 여성을 규정짓는 한 특징이기도 하다. 업무를 맡기면 자신 없어 손을 내젓는다든지, 어쩔 줄 몰라 멍하니 쥐고 앉아 있다든지, 또 금방 싫증을 낸다면 어느 누가 그 여사원을 채용하겠는가. 혹 자신이 없더라도 한번 부딪쳐 보는 것, 산꼭

직장인의 대인(對人)관계 체크 리스트

❶ 당신은 항상 상대방의 의견을 겸허하게 듣고, 자기의 모자라는 점을 반성하고 있는가?

❷ 당신에게 주어진 직분을 잘 지키며, 전력(全力)해서 회사 전체의 능률을 향상시키도록 노력하고 있는가?

❸ 당신은 상대방의 마음에 상처를 주지 않으며, 회사 전체를 밝게 이끌려고 마음을 쓰는가?

❹ 당신은 정정 당당한 경쟁을 통하여 스스로의 능력을 발휘하며, 동료의 약점을 들추는 비겁한 행동은 하지 않는가?

❺ 당신은 동료 누구에게나 평등한 친절을 베풀고 있는가?

❻ 당신은 언제나 동료와 책임일 수 있는 교제를 하고 있는가?

대기를 정복하는 알피니스트(alpinist)의 마음이 어찌 남성만의 독점물일 수 있을까 보냐.

⑨ 창의성이 없는 여사원.

현대 기업은 가히 '아이디어 전쟁'이라 할 만하다. '누구나 할 수 있는 일'보다는 '나 아니면 안 되는 일'을 할 수 있어야 그 회사로서는 '보배'처럼 여기는 법이다. 그리고, '경쟁 사회'에서의 존재가 두드러지는 것이다. 그러 나, 회사의 기본 노선(路線)에서 벗어나면 아니 된다. 새롭다고 그 모두가 아이디어가 되는 것은 아니다.

⑩ 협조 정신이 희박한 여사원.

"독불 장군(獨不將軍) 없다."는 말이 있다. 회사는 특히 팀웍(team work)이 요구되는 사회이다. 나 혼자서 다 처리하려고 할 일도 아니요, 다른 사람이야 하든 말든 모른 체해서도 안 된다. 하나하나의 힘이 모였을 때에야 비로소 엄청난 능력이 현실로서 드러나는 것이다. 동료들의 잘못도 어루만지면서 내가 먼저 앞장서서 남을 도울 때 윗사람은 마음 든든해지고, 회사의 앞길은 밝아지는 것이다.

3. 윗사람의 타입

윗사람으로서의 타입을 알아두어, 그에 적절하게 처신하는 것도 직장 생활을 원만하게 보내는 한 방법이 될 수 있으며, 이것 또한 에티켓을 지키는 일이라 할 수도 있겠다.

● 거만하고 횡포한 타입

매사에 자신 만만하고, 보스적(boss的)인 타입이다. 이런 윗사람의 지시는 절대로 거역해서는 안 되며, 우물쭈물은 통하지 않는다. 그러나, 잘못했을 때 솔직히 시인하고 사과하면 겉보기와는 달리 잘 감싸준다. 뒤 끝이 없고, 결단력이 뛰어난 파이터형(fighter型)이므로 그때그때 일을 처리할 것이며, 벼락 맞을까 너무 두려워하지는 않아도 된다.

● 아랫사람을 혹사시키는 타입

자신이 유능하기 때문에 스스로도 일을 많이 하며, 그래서 자기 아랫사람도 놀게 하지는 않는다. 그리고, 각자의 능력을 잘 파악하고 있으며, 정량(定量)보다는 좀 더 힘에 겨운 일을 시킨다. 그러므로, 이런 윗사람 앞에서는 꾀가 통하지 않으며, 변명이나 엄살도 소용이 없다. 고분고분 열심히 일하는 수밖에 그러나, 여러 가지 일을 빠르고 정확히 배울 수 있으므로 훗날 큰 도움이 된다.

● 부처님처럼 조용한 타입

만사가 OK형인 이런 윗사람은 일의 처음부터 끝까지를 아랫사람에게 맡겨놓고 태평이다. 이것은 당신의 능력을 그만큼 믿기 때문이지만, 잔소리 없다 해서 일 처리를 적당히 얼렁뚱땅했다가는 큰코다친다. 겉으로 모르는 척하지만, 실은 그 누구보다도 업무 파악에 밝은 타입이므로, 실은 제일 까다롭고 무서운 사람인 것이다. 그러므로, 일 처리를 보다 신중히 해야 한다.

● 잔소리 많고, 귀찮게 구는 타입

이런 타입의 윗사람은 당신이 미워서도 아니요, 당신의 일 처리를 불신해서도 아니다. 곰곰이 생각해보면 '친절한 잔소리'인 것이다. 그러므로, 당신은 귀찮다는 표정을 지으면 안 된다. 또, 이런 타입의 윗사람은 아랫사람들이 아무 것도 묻지 않으면 오히려 섭섭해 한다. 그래 서, 아랫사람이 물어보면 자세히 가르쳐 주며 흐뭇해한다.

4. 동료와의 관계

사람 싫은 것만큼 싫은 일은 없다. 특히, 한 사무실에서 매일매일 대하는 동료— 좋든 싫든 마주대하지 않으면 안 되는 동료가 싫다면 큰일이다. 동료 싫은 것은 고사하고라도, 우선 일에 능률도 오르지 않고, 짜증이 나서 실수 연발이 된다. 그리 고, 사내(社內)의 팀웍을 기대하기는 어렵다. 그러므로, 동료 간의 원만한 관계 유지를 위한 요령을 제시한다.

● 대등(對等)하다는 생각을 잊지 말 것

동료가 나보다 실력이 떨어진다고 얕보지도 말 일이요, 나보다 학력이 좋다고 실망하여 풀이 죽을 일도 아니다. 이런 일을 의식하며 동료를 대한다면 그 모두로부터 경원을 당하게 된다. '우리는 동등하다'는 태도와 마음가짐으로써 동료를 대하자.

● 불평이나 욕하지 말고, 흉보지 말 것

동료 앞에서 회사에 대한 불평, 다른 동료를 욕하거나 흉보는 일은 우선 듣기 거북하다. 당신이 다른 동료의 험담을 늘어놓으면 그것을 듣는 동료는 당신을 신용하지 않는다. 그는 '다른 사람에게도 내 욕을 하지나 않을까' 하는 의심을 갖게 된다. 또, 누구로부터 누구의 험담을 들었더라고 귀로 흘려버릴 것. 그리고, 동료의 어떤 소문을 들었어도 본인 앞에서는 선입감으로 삼지 말 일이다.

● 약속은 꼭 지키며, 덮어놓고 '예스' 하지 말 것

가까운 동료라고 해서 약속을 소홀히 해서는 안 된다. 그러기 위해서는 자신도 없는 약속을 덮어놓고 하지는 말 일이다. 특히, 시간과 돈에 관한 약속은 무슨 일이 있어도 반드시 지켜야 한다.

"미스 김이 그 일을 해 준다고 했는데 괜찮을까?

"아냐, 미스 김이라면 틀림없어. 믿고 기다려."

이쯤 되어야 할 것이다.

● 일에 간섭하지 말되, 의논 상대는 되어 줄 것

누구든 자기 일에 간섭하는 사람은 싫어한다. 자기 영역을 침범당한 느낌이 든다고나 할까? 특히, 사생활의 간섭은 금물이다. 충고를 많이 한다고 좋은 친구란 법은 없다. 도와달라는 요청이 있기 전에는 일체 참견 않는 것이 좋다.

그러나, 동료가 의논 상대가 되어 줄 것을 원하면 기꺼이 응하여 성의 있는 조언(助言)을 해 주는 미덕(美德)을 보이자.

● 이성 동료도 동성 동료 대하듯이 할 것

아무리 관심이 끌리는 이성 동료라고 해서 다른 동료와는 다른 태도로 대하면 동성 동료들로부터 미움을 사게 된다. 다른 동성 동료들도 그 이성에게 관심을 쏟고 있을지 모를 일이다. 그러므로 동성으로서 이성에 대해 취해야 될 에티켓 정도로써 대하면 무난하다.

그렇다고 해서 너무 쌀쌀하게 대해서도 안 된다. 무관심이 더 큰 관심으로 오해되는 일은 이성(異性) 사이에 허다한 일이다. 지나친 친절도, 지나친 불친절도 아닌 태도를 유지해야 될 것이다.

● '손아래 선배'도 분명히 '사회 선배'다

당신이 대학 출신인 경우, 입사(入社)해 보니 고교(高校) 후배가 입사

> ☞ **'미스'와 '양(孃)'**
>
> 우리 사회에 있어서 '미스(Miss)'만큼이나 흔한 호칭도 많지 않다. 어린 여성이든 젊은 여성이든 미혼·기혼을 불문하고 늙지만 않았으면 그저 '미스 ○○'하고 부른다. 그러나, 이거야말로 '미스(miss=mistake)'가 아닐 수 없다.
>
> '미스'는 미혼 여성〔처녀〕의 성(姓)에 붙이는 경칭이며, '미시즈(Mrs=mistress)'는 결혼한 여성의 성 앞에 붙이는 경칭임은 누구나 아는 일이다.
>
> 20세 전후의 여성에게는 그 흔한 '미스 ○'보다는 '○양'이 더 우리답고 친근감을 느끼게 한다. 그러 나, '미스'나 '양' 보나는 '○○○씨'로 부르는 것노 품위 있어 보인다.
>
> 그런데, 기혼인지 미혼인지 아리송할 때도 있다. 이럴 때 덮어놓고 추측대로 '미스'나 '미시즈'를 함부로 부르면 큰 낭패를 당하는 수도 있다. 그러므로, 이런 때에는 좀 나직한 목소리로 '미즈(Ms)'라고 해도 좋겠다. Ms는 결혼 관계〔Miss든 Mrs등의 관계〕를 표시하지 않을 경우에 여성의 성이나 이름 앞에 붙이는 경칭이다. 이 말은 1973년에 미국에서, 여성만을 기혼·미혼으로 구별하는 것은 부당하다 하여 여성 해방 운동가들이 즐겨 쓰기 시작한 것이다.

해서 벌써 1년이나 2년이 된 경우도 흔히 있는 일이다. 당신보다는 분명히 학교 후배이지만, 사회에서는 이 또한 분명히 당신보다는 선배인 것이다. 그러므로, 다른 선배 대하듯 경의(敬意)를 표하는 것이 에티켓이다. 그리고, 회사일 에 관해서는 당신보다 더 익숙할 것이므로, 배울 것은 스스럼없이 배우는 자세가 바람직하다.

● 언제나 듣는 입장이 될 것

회사는 여러 사람이 모인 공동체(共同體)이다. 그러므로, 저마다 생각이 다를 것이요, 생활 방식 또한 같지는 않을 것이다. 그래 서, 종종 의견 충돌의 경우가 있게 된다. 이럴 때에는 자기의 주장만을 우길 것이 아니라, 우선 상대의 이야기를 경청한 후에 논리 정연한 반론(反論)을 펴는 것이 합당할 것이다.

"말을 가장 잘하는 사람은 말을 가장 잘 듣는 사람이다."라는 참뜻을 잘 음미해 보도록.

● 좋은 라이벌이 될 것

아무튼 직장 동료는 '라이벌' 이라고 해도 지나친 말은 아닐 것이다. 이 사회는 어쨌든 '경쟁의 사회' 인 것이다. 그래서, 동료를 헐뜯어 끌어 내리는 일을 종종 보게 된다.

'경쟁' 은 '일을 위한 경쟁' 이어야 된다. 동료의 실수를 기다렸다는 듯이 여러 사원 앞에서 들춰내는 것보다는 다른 사람이 모르게 살짝 바로 잡아 주는 아름다운 마음씨가 아쉬운 것이다. 또, 동료의 좋은 점이나 잘한 점은 여러 사원 앞에서 치켜세워 주는 미덕이야말로 진정한 에티켓이다.

좋은 라이벌이 없으면 인생은 향상되지 않는다. 마라톤 코스를 혼자 달리는 것보다는 여럿이 함께 달려야 그 기록은 보다 향상될 것이다.

● 금전 거래는 하지 말 것

러시아의 문호(文豪)인 톨스토이(Tolstio, Lev Nikolaevich)는 그의 명작 《전쟁과 평화》에서 "아아, 돈, 돈! 이 돈 때문에 얼마나 많은 슬픈 일이 이 세상에 일어나고 있는 것일까!"라고 갈파하였다.

특히, 직장 동료 사이에는 돈을 빌려 주지도, 빌리지도 않는 것이 현명한 일이다. 좋은 사이가 돈 때문에 흐려진 예는 참으로 많다. 그러므로, 가까운 사이일수록 돈 거래는 삼가도록.

그러나, 피치 못할 경우도 있다. 퇴근 시간에 갑자기 돈 쓸 일이 생겼을 경우 등이다. 이럴 때에는 동료에게서 돈을 빌렸다고 해서 크게 잘못됐다고 할 수 없다. 그러나, 이때에는 반드시 돈을 빌렸다는 간단한 메모 쪽지라도 건네는 것이 에티켓이다. 돈을 빌려 준 동료는 차용증 같은 것을 달라고는 차마 말 못할 것이므로 이쪽에서 먼저 조치해 주는 것이 바람직하다.

직장에서의 응접(應接) 에티켓

● **자기소개는 반드시 성명(姓名)을 명확하게 댄다.**

외부 손님이 찾아왔다든지, 또는 회사 내이지만 잘 모르는 사람과 대화하게 될 때에는 먼저 자기 자신을 소개하되, 반드시 성(姓)과 이름을 대도록 한다. 그저 "미스 김이에요." 하는 식은 하나 마나다. "총무과에 근무하는 김영신 입니다." 이런 식으로 해야 후에 또 만나더라도 기억할 수 있다.

입사하여 여러 직원 앞에서 소개되면 "김영신 입니다. 앞으로 잘 이끌어 주십시오." 하고, 정중히 고개를 숙여 인사한다. 또, 옆자리의 동료에게는 "오늘부터 신세를 지게 되었습니다. 저는 김영신 입니다." 하면 서먹서먹함이 한결 가실 것이다.

● **두 사람을 동시에 소개할 때에는 자기와 가까운 쪽을 먼저 소개한다.**

자기 회사의 ○○○ 과장과 A회사의 △△△ 부장을 동시에 소개할 경우, "△△△ 부장님, 이분은 저희 회사의 ○○○ 과장님이십니다." 이런 식으로 당신 회사 사람을 먼저 소개하는 것이 에티켓이다. 이때에도 역시 성명(姓名)을 분명히 밝혀 소개해야 한다.

또, 자기 가족을 소개할 때에도, "○○○과장님, 이쪽은 제 남동생입니다." 하는 식이면 에티켓에 어긋나지 않는다.

● **소개받은 상대방의 성명은 바로 기억하도록 한다.**

언젠가 분명히 소개받은 일이 있는데 〔명함도 받았는데〕 그 사람의 성명을 잊으면 곤란하다. 그 사람을 지금 자기 회사 부장에게 소개해야겠는데, '부장님, 이분은……" 하고 우물쭈물해서는 큰 실례이다.

그러므로, 누구를 소개받아서 명함이라도 받았다면 금방 집어넣지 말고 테이블 위에 놓아 그 성명을 외면서 대화하는 것이 좋다. 그리고, 대화가 끝나면 그 사람의 명함 뒤에 만난 날짜, 그 사람의 특징 등을 메모해 두면 훗날에 큰 참고가 된다.

● **회사 내에서 누구를 찾는 손님은 스스로 안내한다.**

대회사는 비슷한 사무실이 많아서 경비나 안내원의 말만으로써는 금방 찾기 어려워 이리저리 두리번거리는 외부 손님도 가끔은 있을 것이다.

이럴 때에는 그냥 지나치지 말고, "어느 과의 누구를 찾으십니까?" 하고 물은 후, "자, 이쪽으로 오십시오." 하며 자진해서 안내한다. 그리고, 그 사무실 앞에 가서는 "바로 이 방입니다." 하면, 그 손님은 매우 기분이 좋을 것이며, 안내해 준 당신을 칭찬해 줄 것이다.

● **도어(door) 여닫는 데에도 신경을 쓴다**

① 바깥쪽(이쪽)으로 여는 도어 : 사무실 밖에서 도어를 당긴 후, "자, 들어가시지요." 하며, 손님을 먼저 들어가게 한다.

② 안쪽(저쪽)으로 여는 도어 : 도어를 민 후 손님보다 먼저 사무실에 들어가 도어 쪽을 향하고 도어 핸들을 잡고 있으면서 "들어오십시

오.” 한다. 문이 서서히 닫히는 도어 첵(door check)인 경우라도 도어 핸들을 잡아 주는 것이 에티켓이다.

● 안내한 손님은 가까운 사람에게 인계 한다

당신이 근무하는 과(課)의 누구를 찾아온 손님이라면 당신이 직접 안내하여 만나게 하겠지만 다른 과의 누구를 찾아온 손님이라면 사정은 다르다. 설령 당신이 그 과의 누구와 아주 가까운 사이라도 직접 소개하는 것은 올바른 에티켓이 아니다.

이럴 때에는 손님을 그 과로 일단 모시고 간 후, 그 과의 누구에게라도 좋으니 “이 손님께서 이 과의 ○○○씨를 찾아오셨습니다. 만나게 해 드리십시오.” 하고 부탁하는 것이 에티켓이다.

● 손님의 신분을 확인 한다

회사에 찾아온 손님이 “○○○ 부장 계십니까?” 할 때 그 즉시 부장 자리로 가서 “손님이 찾아오셨습니다.” 하면 안 된다. 이럴 때에는 우선 손님에게 “누구십니까?” 하고 정중하게 묻는다. 그러면 그 손님은 자기의 회사 이름·성명을 대든지, 아니면 명함을 주든지 할 것이다. 이때 손님에게 “여기서 잠시 기다려 주십시오.” 한 후, 부장 자리로 가서 “부장님, A회사의 △△△ 과장이 찾아오셨습니다.”하며 명함을 두 손으로 건넨다.

특히 주의할 점은, 부장이 “어디 계시지요?” 하고 물을 때 “저기……” 하면서 손님을 향해 손가락질해서는 안 된다. 손가락을 펴 손바닥이 보이게 해서 가리키도록.

● 응접실이라면 노크 한다

손님이 기다리는 응접실에 노크한 후 들어가야 된다는 것은 누구나 다 아는 일. 그런 후 차라도 대접하는 것이 에티켓이다. 차 한 잔의 대접도 없이 손님을 오래 기다리게 하는 것은 실례이다. "차드시며 잠시 기다려 주십시오." 한다.

회사의 윗사람이든 동료 사원이든 손님과 동석했을 때에는 손님부터 먼저 찻잔을 놓고 권한 후 곧 물러난다. 두 사람이 무슨 대화를 하려고 만났는데, 그 곁에 우물쭈물 서 있으면 방해가 된다.

● 손님이 찾아오면 즉시 일어선 다

사무실에 손님이 찾아와서 당신에게 무엇을 묻는데 그저 자리에 앉아 대답하거나, 하던 일을 계속하며 대꾸하면 안 된다. 손님이 무슨 일로 찾아왔든 '손님은 왕' 이다. 하던 일을 잠깐 멈추고 의자에서 즉시 일어나 안내해야 된다. 그래야 당신 회사의 첫 인상을 좋게 보아 준다.

● 윗사람이 자리를 비웠을 때에는 손님의 용무를 메모해 둔다.

출타 중인 과(課)의 과장을 찾아온 손님에게 "지금 안 계신데요." 또는 "어디 가셨는지 잘 모르겠는데요." 하며 고개를 돌려서는 안 된다.

"공교롭게도 과장께서 부재중이십니다. 오후 4시에는 돌아오신다고 하셨습니다."라고 한 후, "무슨 용건이신지요? 저에게도 무관하시다면 말씀해 주십시오." 한다. 용건을 들었으면 메모하되, 특히 숫자 등은 다시 확인해 둔다. 그리고, 손님을 향하여 "돌아오시는 대로 즉시 전하겠습니다."라고 한다.

주의할 점은, 과장도 없는데 그 손님과 단독으로 일을 처리하지는 말라는 것이다. "예, 저녁 7시에 그 장소로 가시도록 하겠습니다." 하든지, "예, 저희 회사 물품 ○개를 곧 보내 드리겠습니다." 등으로 일을 처리하면 안 된다.

● 회의 중인 윗사람을 찾아온 손님은 적절히 응대 한다

대체로 회의는 예정 시간보다 좀 길어지게 마련이다. 그렇다고 손님을 무작정 기다리게 해서는 안 된다. 응접실에서 차라도 권하며 기다리게 하여, 회사 안내 책자나 신문 등을 권해도 좋다. 이때 특히 주의할 점은, 손님에게 친절을 베푼다고 하여 마주앉아서 말상대가 되어 주는 것은 금물이다.

회의 중인 경우에 윗사람을 찾아오는 손님은 대체로 선약(先約)이 없는 수가 많다. 윗사람이 회의 시간에 맞춰 다른 사람과 만날 약속을 했을 리는 없기 때문이다. 그러므로, "선약이 있었습니까?" 라고 물어보는 것이 좋다.

'나' 와 '저' 를 구별해서 사용하는 사람은 의외로 적다. '저' 를 자기의 높임말로 잘못 생각하여 겸손하려는 때문일까? '저' 는 자기의 낮춤말이다. 그러므로, 자기보다 연장자이거나 직장의 상사, 은사, 학교 선배 등 존경해야 될 사람에게는 '저' 라고 해야 되며, 평교(平交) 사이이거나 '∼하오' 체를 쓸 수 없는 사람에게는 '나' 를 쓴다.

그런데, 특히 주의해야 될 점은 '저' 와 '제' 를 구별해 써야 한다는 것이다. 우리는 흔히 "저가 잘못했습니다." 등과 같이, '제가∼' 라고 해야 될 것을 '저가∼' 하는 경우를 흔히 본다. 이런 때에는 반드시 "제가 잘못했습니다."로 말해야 된다.

회의 중인데 찾아온 손님 전갈을 일일이 해서는 곤란하다. 그러나, 분명히 선약이 있었다든지, 급한 용무로 손님이 찾아왔을 때에는 간단히 메모하여 회의실로 들여보내면 된다.

● 손님 접대 중에 자리를 뜰 경우에는 양해를 구한다

손님과 이야기하는 도중에 전화가 걸려 왔다고 수화기를 그냥 들면 안 된다. 이때에는 반드시 "잠깐 실례합니다." 한 후에 전화를 받되, 길어지지 않도록 배려한다.

또, 손님과 이야기 도중에 자리를 뜨는 일은 삼가야겠지만, 부득이한 경우에는 "잠깐 실례합니다."하고, 용무가 끝나 자리로 돌아오면 "미안합니다." 정도의 사과를 해야 된다.

● 손님이 돌아갈 때에도 정중히 대한다

일이 잘 되어 돌아가는 손님이든 아니든, 끝마무리는 항상 중요하다. 손님도 각층이므로 그 상대에 따라 다르겠지만, 엘리베이터까지 배웅해야 될 경우도 있고, 회사 정문까지 따라 나가서 배웅해야 될 경우도 있다.

사무실 안에서 그냥 돌아가게 해도 좋을 경우라도 반드시 자리에서 일어나 정중히 "안녕히 가십시오."라고 해야 되며, 승용차로 돌아가는 손님이라면 그 차가 떠날때까지 지켜 서 있어야 한다. 윗사람과 함께 배웅할 때에는 윗사람보다 한 걸음쯤 엇비슷하게 뒤쪽에 서서 인사한다. 함부로 손을 흔들거나 하는 행동은 친절 과잉이므로 삼가자.

명함의 에티켓

요즘은 명함을 사용하는 여성이 부쩍 늘고 있다. 그만큼 '여성의 사회 참여'가 활발해진 때문이리라. 명함을 사용하는 목적이 자기의 신분을 정확히 상대방에게 알리는 데에 있는 것인 만큼, 명함 사용이 남성들에게만 국한되어 있음은 오히려 이상할 정도라 하겠다.

① 자기 명함은 출근할 때, 또는 퇴근할 때 미리 일정한 매수(枚數)를 항상 상의 포켓에 넣어 둔다. 누굴 만나서 명함을 건네야 될 경우에 주머니 속을 이리저리 뒤지다가 "명함이 없군요." 하면 첫 인상이 흐려진다. 이럴 때에는 "마침 명함이 떨어졌군요. 미안합니다." 라고 사과한다. 또, 명함은 다 없어지기 전에 미리 인쇄해 두도록.

② 명함은 손아랫사람이 윗사람에게 먼저 내민다. 그리고, 반드시 두 손으로 건네고 받는다. 그러나, 대등한 상태의 사람에게서 라면 먼저 받아도 무방하다.

③ 명함은 오른손으로 건네되, 자기의 성명이 상대 쪽에서 보아 바르게 되도록 한다. 왼손잡이라도 오른손을 사용하도록.

④ 명함을 받으면 곧바로 주머니 속에 넣지 말고, 테이블 위에 반듯이 놓은 후 이름 등을 그 즉시 외도록 하는 것도 센스 있는 일이다. 상대의 명함을 눈여겨보는 것은 그를 존중한다는 의미도 된다. 그러나, 손에 들고 만지작거리지는 말도록.

⑤ 명함에는 반드시 자기의 주민 등록증 성명(姓名)과 동일한 이름을 인쇄해야 된다. 명함에다가 자기의 애명이라든지 아호 등을 사용하면 안 된다. 그리고, 너무 조잡하게 만들지 말 것. 이름 등도 너

무 큰 활자보다는 적당한 크기가 좋을 것이다.

⑥ 받은 명함은 잘 정리해 둔다. 언제라도 금방 찾아볼 수 있도록 명함꽂이 수첩 등에다 보관해 둔다. 그리고, 명함을 받았으면 그 날짜라든지, 그 사람의 특징, 만난 장소, 또 함께 만난 사람 등을 뒷면에다가 메모해 두면 훗날에 여러 가지로 참고가 된다. 이런 정도는 센스라 할 것이다.

5장

이성과의 건전한 교제

프랑스의 소설가인 스탕달(Stendhal)은 그의 《연애론》에서 "연애에는 네 가지 다른 타입이 있다. 정열 연애, 취미 연애, 육체 연애, 허영 연애가 곧 그것이다."라고 말하였다. 연애란, '생명의 꽃'이며, 지극히 아름답지만, 그 형태가 일률적인 것도 아니며, 반드시 달콤하기만 한 것도 아니다. 그러므로, 이성과의 건전한 교제 방법 및 그 에티켓을 알아두는 것도 중요한 일이다.

남녀 간의 교제는 어디까지나 자유롭고 밝아야 하며, 그러기 위해서는 무엇보다 현대적인 에티켓이 보다 절실한 것이다.

친구로서의 교제

이성(異性)인 사람을 친구로서 교제하는 데에 있어서의 첫째 조건은, 이성을 애정의 대상으로서가 아니라 독립된 인격(人格)으로 대하는 일이다. "이성으로 알지 말고 한 인간으로 보라." 정도의 의미로 해석해도 좋다.

"남녀 간에 참된 우정(友情)이 존재할 수 있겠는가?" 흔히 이런 말들을 하지만, 남녀 간의 진정한 우정이 지속되는 예는 동서고금(東西古今)에 허다하며, 그것은 참으로 아름답기까지 한 것이다.

1. 남성의 가정을 방문할 때

여성이 남성의 가정을 방문하는 일은 바람직한 일이 아니다. 그러나, 부득이한 경우도 있는 법이다.

● 미혼자의 경우

미혼이든 기혼이든 여성이 남성의 가정을 방문할 때에는 혼자보다는 되도록 동료 여성을 동반하는 것이 좋다. 이때 동반자가 상대방이 아는 사이라면 더욱 좋다. 동반자가 남성일 수도 있겠으나, 남성들끼리의 프라이드란 매우 미묘하므로 어색해지는 경우가 많다. 그러므로, 여성 동반자가 가장 무난하다.

적합한 동반자가 없거나 하여 부득이 혼자 방문할 때에는 방으로 성큼 들어가지 말고, 문 앞에서 간단히 용건만 마치도록 해야 된다. 들어오라고 자꾸 권할 때에는 "고맙습니다만, 이만 실례 하겠습니다." 하여 정중히 사양해도 에티켓에 어긋나지는 않는다. 더 할 얘기가 있으면 그 남성이 밖으로 나와 찻집에라도 안내할 것이다.

● 기혼자일 경우

기혼 남성의 가정을 방문하는 것도 '미혼자의 경우' 와 같다. 그러나, 나이 차이가 좀 있는 사이라면 들어가도 무난하되, 반드시 그 부인을 먼저 찾아서 인사해야 된다. 그리고, 안방보다는 응접실이나, 거실 등에서 잠시 용건을 말하는 것이 에티켓이다.

2. 남성의 가정 방문을 받았을 때

교양 있는 남성이라면 아무리 가까운 사이일지라도 여성의 가정을 함부로 방문하지는 않을 것이다. 그러나, 이것 또한 부득이한 경우란 있는 법이다.

● 미혼자일 경우

동반자가 있는 남성만 안으로 들어오게 한다. 그러나, 동반자 없는 미혼 남성일 경우엔 문 앞에서 용무를 마치되, 지나친 경계의 표정은 짓지 말도록. 남성도 여성 못지않게 자존심이 강한 법이다. "어쩌나……집안이 어지러워서……" 정도로 가볍게 대하는 것이 좋다. "괜찮소. 좀 들어갑시다." 하는 남성은 없을 테니까.

● 기혼자일 경우

당신이 기혼자라면 먼저 남편에게 인사시킨 후 들어오게 해도 무방하다. 물론, 문 앞에서 용건을 마치는 것이 보다 좋으며, 들어왔더라도 안방으로 들이지는 말 것. 도어(door) 있는 응접실이라면 문을 조금쯤은 열어 두는 것도 남편에 대한 에티켓이다.

> ☞ '─씨(氏)'라고 부를 때
>
> 'ㅇㅇ씨'라고 부르는 것은 평등한 사교 관계에 있어서 가장 무난한 호칭이다. 그러나, 10세 성노나 연장인 사람에게는 함부로 붙일 수 없는 것이 바로 '─씨'이다.
>
> 이럴 경우에는 '─씨' 대신에 직함을 붙이는 것이 무난하다. 직함이 없거나, 더 나이가 많거나, 존경할 만한 상대이면 '선생님' 정도로 부르는 것이 무난하다.
>
> 그리고, 아무리 평등한 관계일지라도 '─씨'를 붙일 때에는 성명(姓名)뒤에 붙이든지, 또는 이름 뒤에 붙여야지, 그저 성(姓) 바로 뒤에 붙여서 '김(金)씨'니 '최(崔)씨'니 하는 것은 건방져 보여서 좋지가 않다.

3. 거리를 걸을 때

남녀가 함께 나란히 길을 걸을 때에는 위험성이 많은 차도(車道) 쪽에는 남성이, 안전한 인도(人道) 쪽은 여성이 선다는 것은 우리 모두가 익히 잘 아는 일이다. 그런데, 이것은 미국식이며, 유럽에서는 어떤 경우라도 '남좌 여우(男左女右)' 이다. 즉, 무조건 남자는 왼쪽, 여자는 오른쪽에 서도록 되어 있다. 그러나, 우리는 미국식을 따르는 것이 편리하고, 또 미국식이 그럴 듯하다.

위와 같은 경우는 나란히 함께 걸을 수 있는 길에서의 일이고, 길이 좁아서 그렇지 못할 경우에는 여성은 남성보다 한 걸음쯤 뒤에 서서 걷는다.

또, 무거운 물건은 남성이 들어야 되며, 비가 와서 우산을 받을 때에도 그것은 남성이 들어야 된다는 것도 상식이다. 그러나, 무례하게도 남성이 그래 주지 않을 때에는 "이것 좀 들어 주시겠어요?" 하는 것도 애교 넘치는 에티켓이다.

4. 차(車)를 타고 내릴 때

택시나 버스를 탈 때 여성이 먼저 타는 것은 '여성 특권' 이다. 내릴 때에는 남성이 먼저 내린 후에 여성이 내리며, 이때 남성이 여성을 보호한다는 의미에서 오른손을 내밀면 거절하지 말고 그 손을 가볍게 잡도록.

택시나 승용차를 탈 경우에는 남성이 뒷좌석 문을 열고 여성이 안전하게 탈수 있도록 하고, 내릴 때에는 남성이 먼저 내린 후 여성이 안전하게 내릴 때까지 문을 잡고 기다렸다가 다 내린 것이 확인되면 문을 닫는다.

5. 극장 등에 함께 갈 때

극장 또는 음악회나 운동 경기장 등에 남성과 함께 갈 때에는 입장할 때부터 여성이 앞장서는 것이 일반적이다. 그리고, 앉을 때에는 남성이 권한다고 당신 먼저 훌쩍 앉지 말고, "앉으시죠." 정도로 한 번쯤 권한 후 앉는 것이 에티켓이다.

그리고, 극장·운동장 등에서 계단을 올라갈 때에는 남성이 먼저 올라가도록 할 것. 특히, 짧은 스커트 차림일 경우에는 계단을 먼저 오르지 말 일이며, 이것은 거리의 육교나 지하철역의 계단을 오를 때에도 마찬가지이다. 그리고, 계단을 내려올 때에도 여성이 뒤따르는 것이 에티켓이다.

6. 식당이나 찻집 등에 함께 갈 때

식당이든 찻집이든 특별한 경우를 제외하고는 너무 구석진 자리는 피하는 것이 좋다. 그리고, 특히 찻집에서는 남성 곁에 바싹 붙어 앉지 말고 정면으로 마주앉도록. 애인 사이라도 그러지 않도록 하는 것이 공중 도덕이다.

그리고, 여성은 입구나 창문 쪽에 등을 향하고 앉는 법이다. 밖에서 누가 보지나 않을까 하는 배려에서도 그렇다. 또, 식당이나 찻집 안에서 모자를 쓴 여성이라면 벗지 않는 것도 '여성의 특권' 중의 하나이다.

식사나 차(茶) 주문을 할 때에는 특별히 식성에 거슬리는 것이 아니면 상대방과 같은 것을 주문하는 것이 무난하다. 또, 너무 비싼 것을 주문하여 가난한 남성의 호주머니를 울리지 말 것이며, 그렇다고 너무 싼 것을 주문해도 자존심 강한 남성의 기분이 상하게 된다.

식사 때에는 남성과 동시에 시작하고 끝내는 것이 에티켓이다. 너무 빨리 먹어치우면 게걸스러운 느낌을 주며, 너무 늦게 끝내면 답답하다. 그리고, 식사 도중에는 되도록 심각한 화제(話題)는 피하고 가볍고 밝은 이야기를 간간히 주고받는다. 말이 많으면 우선 음식물이 튀어나오는 수가 많아서 좋지가 않다.

7. 교제 비용은 분담하는 것이 좋다.

남성이든 여성이든 초대한 쪽에서 비용을 책임지는 것이 원칙이다. 그렇지 않을 경우에는, 예컨대 식대(食代)를 남성이 치렀다면, 여성은 차대(茶代) 정도는 내는 것이 바람직하다. 자장면 한 그릇쯤 가지고 서로 돈을 내겠다고 실랑이를 할 일도 아니요, 또 자장면 한 그릇 값을 반반씩 내자고 '철두철미' 한 것도 어색한 일이다.

외국인들은 "Let's go dutch!"하며 자기 것은 자기가 지불하는 일이 습관화되어 있다. 그러나, 그것은 외국의 풍습일 뿐이다. 하루 종일 남성을 따라다니면서 점심도 얻어먹고, 영화도 공짜 구경하고, 택시도 거저 타고…… 이런 식은, '얌체'에 속한다. '가난한 애인'이 아니더라도 한두 번쯤은 당신이 부담해 보도록.

또, 여성인 당신이 남성을 식사에 초대했는데 돈이 모자랄 경우도 있을 것이다. 이럴 때에는 그 돈을 남성에게 맡기면서 "모자라는 건 부탁해요" 정도는 되어야 한다. 돈이 모자란다고 하여, 음식 값이 비싸다든지 하며 불평하면 큰 실례이다.

8. 친구로서 교제하는 이성과의 대화 속의 터부

① 순수한 프렌드십(friendship)인 만큼 "난 미스터 박이 좋아." 등의 말은 삼가야 한다.

② 상대방 이성에게 당신의 불행을 호소하지 말아야 한다. 또, 궁상을 떨어서도 안 된다.

③ 옷차림에 관해서는 지나친 칭찬도 핀잔도 하지 말아야 된다.

④ 상대 이성의 육체에 관한 질문은 피해야 된다. 예컨대, 키, 몸무게… 등.

⑤ 이해하기 곤란한 말은 피해야 한다. 또, 애매모호한 말도 마찬가지이다.

⑥ 상대 이성이 가지고 있는 물건의 값을 묻지 말아야 한다.

⑦ 항상 공통성 있는 화제를 찾을 것이며, 심각한 얘기는 피해야 된다.

데이트

서로 호감을 가진 남녀가 일정한 장소에서 아무 부담 없이 만나 건전한 우정을 자연스럽게 나누는 것이 데이트이다. 그러나, 이런 데이트에도 반드시 지켜야 할 에티켓이 있다.

1. 반드시 1대 1 데이트일 것

한 이성과 데이트를 계속하는 한 다른 이성과의 데이트는 단호히 거절해야 된다. 거절하기가 야박스럽다든지 호기심 때문에 우유부단하여 두 명 또는 세 이성과 겹치기 데이트를 하면 언젠가는 들통 나게 마련이며, 이성으로부터 어떠한 낙인이 찍혀도 이것은 전적으로 자신이 책임져야 된다. 어떤 사람이든 상대 이성의 '순결'을 제일로 치는 법이며, 당신을 '독점(?)' 하고 싶어 하는 것이다.

단순히 친구 사이로서 그저 만나는 정도라면 여러 명이라도 상관은 없겠으나, 데이트와 연애(戀愛)가 그 방법이나 식(式)이 다르다고는 해도, 데이트는 이미 연애의 첫 단계이므로 신중해야 할 것이다.

2. 데이트 횟수

항상 만나고 싶고, 헤어질 때는 못내 아쉬워 괴로워지기까지 한다면, 이는 벌써 데이트에서 연애의 과정으로 들어섰다고 해도 좋다. 그리고, '매일 만나고 싶다'는 감정이 '잠시도 떨어져 있고 싶지 않다'는 감정이 된다면, 이것은 결혼을 앞둔 상태이다.

그러나, 데이트 과정에 있어서 너무 자주 만나게 되면, '불붙는 청춘'이기에 좋지가 않다. 청춘은 대체로 직선적이므로 싫증을 내기가 쉽다. 또, 한꺼번에 상대의 모든 것을 알고 나면 흥미랄까 관심이랄까, 어쨌든 이런 것이 반감(半減)되게 마련이다.

그렇다고 하여 데이트 간격을 너무 뜸하게 두어도 좋지 않다. '호기심 많은 이성'은 딴 데로 눈을 돌리게 된다. 남녀 관계에 있어서만은 누구든지 참을성이 적은 법이다.

그러므로, 1주일에 한두 번, 아니면 열흘에 두 번 정도 데이트하는 것이 가장 무난하다.

3. 데이트 시간과 장소

오전부터 데이트하는 것은 좋지 않다. 남성은 밤늦게 까지 라도 여성을 놓아주고 싶지 않을 것이다. 또, '이 여자는 아침부터 남자와……' 아니면 '이 남자는 내가 이렇게까지 좋은가' 등의 빈축이나 얕보이게 되는 수도 있다. 그러므로, 오후에 데이트하는 것이 좋다.

밤늦게까지 데이트하는 것은 위험하다. 극장에 가더라도 10시 이후는 피하도록. 당신이 아무렇지도 않게 밤늦게까지 이성이 하자는 대로 따른다면, 이 또한 이성으로부터 틀림없이 얕보이게 된다.

데이트 장소에 남성이 먼저 나와서 기다리는 것이 에티켓이다. 물론, 정각에 가서 만나는 것이 원칙이겠으나, 3~5분쯤 늦게 나타나서 "기다리게 해서 미안해요." 정도로 사과하면 이것 또한 애교스럽기도 하다. 그러나, 일부러 시간을 재어 가면서 그럴 필요는 없는 것이며, 너무 오래 기다리게 하지는 않도록. 시간관념이 없는 사람은 대체로 신용이 없는 법이니깐.

데이트 장소에 대해서는 불문율(不文律)이 있다. 즉,

① 호젓한 곳, 으슥한 곳은 피해야 된다. '인간은 환경의 동물'이다. 남이 안 보는 곳에서는 불쑥 어떤 일이 일어날지 알 수 없는 노릇이다.

② 여관 근처나 호텔의 커피숍도 피하는 것이 좋다. 충동 심한 청춘을
  자극하지 않는 것이 상책이다.

③ 선정적인 영화 등을 보러 가는 것도 좋지 않다. '견물생심(見物生
  心)'이라고나 할까.

④ 당일로 갔다 올 수 있는 곳이 아니면 피할 것. 하룻밤을 함께 지내
  게 되면 이것은 이미 데이트가 아닌 것이다.

애인(愛人)으로서의 교제

프랑스의 소설가인 위고(Hugo, Victor Marie)는 "돌[石]이 될 바에
는 자석(磁石)이 되고, 풀[草]이 될 바에는 지수초(知羞草)가 될 것이며,
사람이 될 바에는 애인이 되라."고 하였다.

인간관계의 여러 교제 중 남녀 간의 연애만큼 애틋하고 짜릿하고 불
붙는 것은 없다. 남녀가 만난다고 하여 다 이런 것은 아니다. 서로가 존
경히고 위히여 줄 때 사랑이 싹트는 것이며, 이래야만 그 사랑의 결실이
또한 아름답게 되는 것이다.

그러나, '사랑은 쓰고도 단 것'이다. 연애의 모럴과 에티켓을 지키지
않으면 그 사랑은 쓰디쓸 것이요, 이 모럴과 에티켓에 어긋나지 않는다
면 그 사랑은 달고도 아름다워질 것이다.

1. 애인의 선택

"여자가 가장 열렬히 사랑하는 것은 대개 첫사랑의 애인이지만, 그녀가 가장 충실히 사랑하는 것은 항상 최후의 애인이다."라는 말이 있다.

연애의 형식과 대상이 아무리 이성(異性)이라고는 하지만, 그 본질은 역시 감정(感情)이다. 그러나, 감정에 치우쳐서도, 너무 이성적(理性的)이어서도 안 되는 것이 애인 관계이다.

● 너무 서둘지 말라

무슨 일이든 다 그렇지만 서둘러서 잘되는 일이란 없다. 상대 이성을 시간을 가지고 차근차근 평가할 수 있는 느긋함이 없이는 실패하기 쉽다. 그리고, 상대도 당신을 깊이 생각해 볼 수 있는 시간을 가져야 되지 않겠는가. 으레 상대가 먼저 접근해 오게 마련이므로 서둘지 않는 것이 애인 선택의 첫째 조건이라 하겠다.

● 결혼할 것을 전제로 하라

애욕(愛慾)의 대상으로서 애인을 선택하는 사람이야 없을 것이다. '결혼'은 '애욕'이 아니며, 결혼을 전제로 한 애인이라야만 보다 신중히 인격적(人格的)으로 평가하게 되는 것이다. '연애는 낭만이요, 결혼은 비즈니스'라고 하면 좀 과장된 이야기일까?

● 외모에만 집착하지 말라

'남자의 얼굴은 자연의 작품, 여자의 얼굴은 예술 작품'이라고들 한다. 프랑스의 소설가 스탕달(Stendhal)의 말과 같이 "남자는 여자의 마음을 모르는 동안은 얼굴에 대한 것에는 생각할 틈이 없다."는데, 여성인 당신은 남성에 대해 그 외모를 마음에 둘 겨를이 있는가? '자연의 작품'인 남자의 얼굴에 신경을 쓰지 말도록.

이 세상의 위인(偉人)들 중 추남(醜男)은 얼마든지 있다. '나는 얼굴이 예쁜데, 그 사람 얼굴은 못생겨서……'라며 다른 사람을 의식하지 말도록. "겉 희고 속 검은 이는 너뿐인가 하노라."가 될지도 모를 일이다.

● 가문(家門)을 경시하지 말라

오늘날과 같은 '능력 제일주의' 시대에 무슨 뚱딴지같은 소리냐고 할지 모르겠으나, "콩 심은데 콩 나고, 팥 심은 데 팥 난다."라는 우리 속담은 오늘도 자주 입에 오르내린다.

가문을 따진다는 것은 봉건적(封建的) 사고방식임에는 틀림이 없겠다. 그러나, 사람의 그 '뿌리'와 주위 환경, 또 성장해 온 그 환경을 부정할 수는 없다. 이렇게 생각해 보자. 가문 좋은 집에서도 못난이가 나올 수 있고, 가문 나쁜 집에서도 훌륭한 인물이 나올 수 있는 것은 당연한 일. 그러나, 좋은 가문 중에서 훌륭한 사람을 더 많이 발견할 수도 있다는 점을 경시해서는 안 된다.

● 수재 형(秀才型)보다는 성실 · 건강한 이성을

통계상으로 보아, 수재니 천재니 하는 타입에는 그 성격상 결함이 많은 사람이 적지 않다. 이런 타입은 자칫하면 상대인 당신을 얕보기가 쉽다. 지능이 뛰어나므로 매사에 자신감을 보이는 것은 좋으나, 이로써 실패할 확률도 낮지만은 않다. 부부(夫婦)는 언제까지나 동등(同等)해야 하므로, 수재 형 타입보다는 성실한 이성을 택하는 것이 제일이다.

아무리 미남(美男)일지라도 병약(病弱)하다면 어찌되겠는가. 가장(家長)될 사람, 당신과 자녀가 의지해야 될 남성이 몸이 약하다면 생활력이 상실된다. 그래서, '가난은 죄악'이 되는 것이다.

● 육체보다는 정신의 순결을

'여성의 순결'이야말로 두말할 필요도 없는 일이다. 그러므로, 상대 남성의 '육체의 순결' 또한 소홀히 생각할 일이 아니다. 그러나, 세상만사가 다 뜻대로 되는 것도 아니어서, '육체의 순결'을 잃는 수도 없지는 않다. 한때의 실수가 있는 것은 남성이나 여성이나 마찬가지이다.

그러나, '사람'이 '인간'으로서 존귀한 것은 바로 그 '정신'이다. 육체는 병들고 늙어 한 줌의 흙으로 돌아가지만, 정신만은 영원한 것이다. 육체적인 사랑보다는 정신적인 사랑을 더 소중히 여길 줄도 안다면 당신은 '참으로 아름다운 인간'일 것이다.

2. 구애(求愛)의 에티켓

● 구애는 남성이 먼저 하는 법이다

남성이 여성에게 먼저 구애하는 것은 동서고금(東西古今)의 예의이며, 또 남성의 의무라고까지도 할 수 있다. 그러므로, '사랑은 주는 것'이라고 하여 여성이 먼저 구애하면 안 된다.

그러나, '맹렬 여성 시대'인 오늘날 우리 여성은 그저 기다리기만 할 수 없는 경우도 있다. 남성이 지나치게 소심하다든지 수줍어하는 경우, 또 남성 집안에서 큰 환영을 하지 않을 경우 등에는 여성이 넌지시 '구애의 표시'를 해도 크게 나쁠 것은 없겠다. 그리하여, 남성의 용기를 촉구하는 것도 현대 여성다운 일면이라고 할 수 있겠다. "약한 자여, 그대 이름은 여성이니라." 이런 말은 이제 '안녕!' 해도 괜찮다.

● 구애의 장소와 시간

햇볕이 쨍쨍 내리쬐는 바닷가 모래밭에서 속삭이는 구애의 목소리, 오너드라이버(owner driver)인 남성이 승용차 안에서 구애하는 방법, 으슥한 영화관 뒷좌석에서 구애하는 남성, 이런 식은 모두 낙제(落第)이다. 또, 술을 마신 상태에서의 구애, 보트 놀이하면서의 구애, 중국 음식점 이층 방에서 하는 구애, 한밤에 깊은 숲속에서 하는 구애 등은 그 모두를 믿지 말 것.

구애를 받는 시간을 여성인 당신이 정할 수는 없겠으나, 가급적이면 늦지 않은 오후가 좋다. 오전보다는 오후가 하루의 생활 리듬에 있어서 안정감이 있기 때문에 좋되, 너무 늦은 시간은 피하도록. 피차 피곤할 때는 신중한 일은 피히는 것이 좋기 때문이다.

● 구애에는 적당한 용어를

달콤한 말로 구애하는 남성들보다는 진지하게 말하는 편이 보다 믿음직하다. 구애했다가 후에 가서 뒤바꾸는 남성도 간혹 있으므로, 당신이 그 남성의 말을 어느만큼 신용할 수 있느냐가 중요하다.

제아무리 강심장인 남성이라도 사랑을 고백하는 경우엔 하고 싶은 말의 3분의 1정도밖에 못하는 것이 정상이라고 생각하면 거의 틀림없다. 그러므로, 연극 대사 외듯 줄줄 나오는 말보다는 좀 더듬거리듯이 힘들게 나오는 말이 정상적인 진실 된 구애의 목소리이다.

3. 구애를 수락할 때, 거절할 때

구애를 수락하든 거절하든 그것은 당신 자유이지만, 이에도 에티켓이 있다. 함부로 선뜻 수락해도, 또 너무 매정스럽게 거절해도 바람직한 일

☺ 존칭에 관하여

❶ 각하(閣下) : 지위 상으로 가장 높은 분께 붙인다. 즉, 장관급(長官級) 이상, 군(軍)에 있어서는 장성급(將星級)에 한하여 사용한다.

❷ 좌하(座下) : 조부모·부모·선배·선생 등 자기보다 높은 윗사람께 쓰는 존칭인데, 귀하(貴下)보다 더 높은 존칭이다.

❸ 귀하(貴下) : 좌하(座下)로 대접하기는 좀 어색하고, 그렇다고 아주 아랫사람 취급하기도 곤란할 때 사용한다. 그러나, 공문서상(公文書上)에서는 지위 여하를 막론하고 두루 쓰인다.

❹ 안하(案下) : 귀하(貴下)와 같은 경우에 사용하며, 궤하(机下)를 사용하기도 한다.

❺ 선생(先生) : 스승이나 사회적으로 존경할 만한 사람에 널리 쓰이는 존칭이다. 이보다 좀 더 대우하고 싶을 때에는 '—님'을 붙여 '선생님'이라고 하면 된다.

❻ 여사(女史) : 사회적으로 이름이 있는 여성이나 일반 부인에게 사용하면 무난하다. 그러나, 미혼 여성에게는 사용하지 않는다.

❼ 씨(氏) : 윗사람 또는 자기와 지위나 나이가 비슷한 사람에게 가장 널리 쓰이는 존칭이다.

❽ —께, —에게 : '—께'는 윗사람, '—에게'는 아랫사람에게 사용한다.

은 아니다.

　남성이 구애한다고 하여 너무 놀랄 필요나 불쾌하게 여길 일은 아니다. 서로 애인으로서 얼마간 교제하다 보면 그 다음 과정은 '구애→결혼'이기 때문이다. 그래서, 대개의 여성은 '옳지…드디어 올 것이 왔구나' 하는 심정이 되는 것이다. 그렇다면, 당신은 이 구애의 순간에 이미 그 수락 여부를 어느 정도는 생각해 왔을 것이다.

　"아이 좋아라! 그럼, 그렇게 해요!" 하는 식은 신중성이 없다. 이보다는 "어머, 기뻐요! 실은 그 말씀 기다렸어요. 부모님께 여쭙고 잘 의논해 보겠습니다." 하는 것이 보다 훌륭한 수락 방법이다.

　구애를 거절할 때에도 "어머나! 전 아직 그런 생각은 해 본 적도 없어요." 하는 식은 설득력이 없다. 이보다는 "전 아직 이대로 지내는 것이……" 라든지, "제 부모님께서는 저의 결혼은 지금 생각지 않고 계십니다." 하는 식으로 거절한다.

　그래도 자꾸 그 이유를 추궁할 경우에는 "고맙습니다만, 제겐 그럴 사정이 있어요. 다음 기회에 말씀 드리겠습니다."라든지, "더 이상 말씀하시지 않는 편이 좋겠습니다."라고 하여 분명한 거절의 의사를 표시해야 된다. 우물쭈물한다든지 멍하고 있으면, 남성은 수락한 것으로 믿어버리는 경우가 많다. 그러니, 거절할 때에는 보다 정중한 에티켓이 필요하다. 사랑에 실패한 사람처럼 비참한 일이 또 어디 있겠는가.

6장

즐거운 식탁에서의 매너

"식탁의 쾌락은

모든 연령, 모든 신분, 모든 나라에 공통하다. 그

것은 모든 다른 쾌락과 결부할 수 있으며, 그것들을 잃

어버린 뒤에도 우리들을 위로해 주는 최후의 것이 된다."

— 브리아 사바랑 《미각(味覺)의 생리》

'살기 위해' 먹든 '먹기 위해' 살든 식사는 즐겁다. 배가 부르면 새

는 노래하고, 사람은 웃는다.

누가 먹는 것만 보아도 즐겁다지만, 에티켓에 어긋나게 먹는 것을

보면 배부르기는커녕 불쾌해진다. 인간이 다른 동물과 다른 점

이야 여러 가지가 있겠으나, '식탁에서의 매너'야말로 인간

과 동물을 구별 짓는 뚜렷한 기준이 아닌가 싶다.

한식(韓食)의 매너

1. 상차림의 주의

한식은 그 반상(飯床)의 종류에 따라 상 차리는 방식이 다르다. 그러나, 대체로 다음 사항에 유의하면 무난하다.

① 밥그릇은 왼쪽, 국그릇은 오른쪽에 놓는다.

② 수저는 반드시 오른쪽에 놓는다.

③ 조미료는 상 가운데로 모아 놓고, 국물이 있는 찌개류는 오른편에 다 놓는다.

④ 마른 반찬류나 젓갈류는 상 중심에 가깝게 놓되, 약간 앞으로 오게 한다.

⑤ 김치는 상 가운데에서 좀 뒤쪽으로 놓는다.

⑥ 이외의 반찬은 빛깔이 잘 조화되어 미각을 돋우도록 배치하되, 같은 종류가 한 곳에 몰리지 않도록 하면 된다.

⑦ 찌개류가 있을 때에는 여럿이 떠먹지 않도록 조그만 접시를 국그

릇 오른쪽에 놓아 덜어서 식사할 수 있도록 배려한다.

2. 한식 식사의 매너

① 윗사람보다 먼저 수저를 들지 않는다. 식사를 끝내는 것도 되도록 윗사람과 거의 동시에 끝내는 것이 에티켓이다.

② 음식 씹는 소리를 내지 않는다. 특히, 국을 마실 때 소리 내지 않도록.

③ 수저나 그릇 부딪치는 소리를 내지 않는다.

④ 반찬그릇을 이리저리 옮기지 않는다.

⑤ 공동으로 먹는 찌개류는 자기 숟가락으로 뜨지 말고, 찌개 그릇에 있는 작은 국자 등으로 떠서 국그릇 옆에 있는 작은 접시에 담아 먹는다.

⑥ 생선 뼈 등은 자기 국그릇 뒤에 놓든지 하여 다른 사람이 잘 보지 않도록 해야 한다.

⑦ 우리나라 음식은 말을 하면서 식사하면 잘 튄다. 그러므로, 가급적 말을 줄이고 식사한다.

양식(洋食)의 매너

1. 식기류(食器類) 준비법

① 빵 접시든 스프 접시든 손님의 인원수만큼 갖춘다.

② 위의 접시들은 그 형태나 무늬가 동일해야 무난하다. 그리고, 어느 접시나 세트여야 하며, 소유자의 이니셜이나 그 가문을 상징하는 도안 등이 들어 있다면 보다 이상적이다.

③ 이 빠진 접시, 금이 간 글라스 등을 내놓으면 손님 접대의 매너에 크게 어긋난다.

④ 포크·스푼·나이프 등이 모두 은제(銀製)라면 아주 이상적이다.

⑤ 글라스는 음료에 따라 그 타입이 각각 달라야 하므로, 각 타입에 따라 통일하도록 한다. 샴페인 글라스 한 개가 부족하다고 하여 다른 타입의 글라스를 내놓으면 큰 실례이다.

2. 양식 식사의 매너

① 테이블과 가슴 사이가 두 주먹쯤 되게 의자에 앉는다. 너무 붙으면 보기 좋지 않고, 떨어지면 우선 음식을 먹기에 불편하다.

② 냅킨은 상의 깃이나 밴드에 끼우기도 하나, 옆으로 한 번 접어서 접힌 데를 몸 쪽으로 하여 무릎 위에 펴는 것이 일반적이다.

③ 나이프·포크는 접시 좌우의 바깥쪽(자기 앞쪽)의 것부터 사용하

며, 최후로 접시 위쪽에 놓인 스푼을 이것도 접시에서 먼 쪽(바깥쪽)부터 차례로 집어서 사용한다.

④ 나이프·포크는 오른쪽에 놓인 것은 오른손으로, 왼쪽에 놓인 것은 왼손으로 사용한다.

⑤ 맨 처음 따라 주는 술은 건배용〔대개는 샴페인〕이므로, 술을 마시지 못하더라도 술잔을 받는다. 이때 주최자가 '건배!' 할 때까지 마시지 말 것.

⑥ 스프는 자기 앞쪽에서부터 저쪽으로 스푼으로써 건지듯이 떠 마신다.

⑦ 스프 접시는 입을 대면 안 되며, 스프가 나오면 그것만 떠 마신다. 이때 빵이나 다른 음료수에는 손을 대지 말 것.

⑧ 테이블 왼쪽에 놓인 것은 자기 몫의 빵이다. 그런데, 이 빵은 스프를 마신 후에 먹되, 입에 들어갈 만큼 떼어서 버터를 발라 먹는다.

⑨ 나이프는 오른손, 포크는 왼손에 쥔다. 그러나, 나이프로써는 다루기 어려운 밥이나 콩·채소 등의 음식은 포크를 오른손에 쥐고 다루어도 무방하다.

⑩ 샐러드는 포크로써 먹으며, 나이프는 사용하지 않는다.

⑪ 나이프는 절대 입에 갖다 대지 않는다.

⑫ 포크·나이프는, 식사 도중에는 접시의 왼쪽 위에다 포크, 오른쪽 위에다 나이프를 놓고, 식사가 끝나면 포크·나이프를 접시의 오른쪽 위에다 가지런히 올려놓는다.

⑬ 포크 뒷등에다가 나이프로써 밥을 긁어 올려 먹는 것은 잘못된 매너이다. 이때에는 반드시 나이프를 놓은 후 포크를 오른손에 바꿔

쥐고 밥을 퍼 올리듯이 떠먹는 것이 올바른 매너이다.

⑭ 식사 도중에 이야기를 하고 싶으면 냅킨의 가장자리로써 입언저리를 가볍게 닦은 후 얘기한다.

⑮ 특히 컵에 루즈를 묻히지 않도록. 만일 루즈가 묻었거든 곧 닦아 낸다.

핑거 보울(finger bowl ; 손 씻는 컵)의 물은 마시지 말 것. 그리고, 손가락을 행굴 때에는 양손을 한꺼번에 넣지 않으며, 헹군 후에는 냅킨에 닦는다. 나이프나 포크가 테이블 밑으로 떨어져도 자기가 줍지는 않는다. 웨이터가 새것으로 바꿔 줄 것이다.

버터 그릇이나 소금에 손이 닿지 않을 때는 옆 사람에게 부탁한다.

커피는 설탕을 먼저 탄 후 밀크를 탄다. 그리고, 밀크를 탄 후에는 스푼으로써 젓지 않는다. 식사가 끝나면 냅킨을 테이블 위에 올려놓되, 이때 냅킨은 접지 않는다.

서양 요리가 나오는 순서

❶ 오르되브르 : 식욕을 돋우기 위해 식사 전에 나오는 음식으로, 달걀부침·육류 소시지·닭 간 젤리 모듬·새우 프라이 초 담금·채소 초기름 삶음·구은 연어 등이다.

❷ 스프 : 콩소메(맑은 국물)와 포타아즈(진한 국물)가 있다.

❸ 생선 요리 · 참서대의 치즈를 넣은 버터 구이

❹ 고기 요리 : 소 등심살 찜

❺ 닭 요리 : 살찐 닭, 세리아, 채소

❻ 샐러드 : 아스파라거스, 마요네즈 소스

❼ 디저트 : 아이스크림, 과일, 커피

그러나, 가정적인 디너파티 정도라면 이렇게 다 차릴 필요는 없겠고, ① 수프(포타아즈) ② 생선 요리 ③ 닭 요리 ④ 샐러드 ⑤ 푸딩과 과일의 다섯 코스 정도로도 충분하다.

일식(日食)의 매너

1. 상차리기

일본 요리의 상 차리는 법은 배선법(配膳法)이라고 하는데, 이것은 근세 이후에 가이세끼(懷石) 요리에 의거하고 있다.

일본 요리에서는 각자의 상이 각각 따로 나오는데, 회석 요리에 있어서는 밥상의 왼쪽 앞에 밥, 오른쪽에 국, 중앙 뒤쪽에 반찬을 놓으므로, 이 세 가지가 삼각형 꼴이 된다.

2. 일식 식사의 매너

일식 식사법은 가이세끼(懷石) 요리·혼젠(本膳) 요리·회석(會席) 요리 등에 따라 각각 다르지만, 여기에서는 이것들을 종합하여 설명한다.

① 시중드는 사람이 상을 가져와서 무릎 앞쪽에 놓으면, 손님은 두 손을 무릎 위에 포개거나 또는 八자 모양으로 놓아 가볍게 고개를 숙여 답례한다.

② 주인이 오하시(젓가락)를 들라고 권하면, 반드시 "잘 먹겠습니다"라고 인사한 후에 젓가락을 든다.

③ 젓가락 주머니에 들어 있는 젓가락은 오른손으로 꺼내어 하시오끼(젓가락 놓는 도구)나 밥상 옆쪽에 놓는다.

④ 와리바시인 경우에는 젓가락을 둘로 떼어서 하시오끼에 놓고, 국그릇·밥그릇의 뚜껑을 연다.

⑤ 원칙적으로는 밥을 먼저 먹은 후 국을 먹게 되어 있으나, 꼭 이러지 않아도 무방하다.

⑥ 밥과 요리는 교대로 한 입씩 먹어야 한다.

⑦ 성찬일 때에는 요리가 나오는 순서대로 먹는다. 그러나, 고오노모노(香物)는 처음부터 나와 있어도 마지막에 먹는 것이 올바른 매너이다.

⑧ 술 연회에서는 밥이 나중에 나오게 되어 있으므로, 처음부터 밥을 청해서는 안 된다.

⑨ 밥공기는 왼쪽 앞에 놓이게 되므로 그 뚜껑은 왼손으로 열며, 오른손으로 고쳐 잡은 후 밥상 왼쪽 옆에 뒤집어 놓는다.

⑩ 시중드는 사람에게 밥공기를 내밀거나 받을 때에는 반드시 두 손으로 한다. 이때 음식을 씹으면서 하면 에티켓에 어긋난다.

⑪ 밥을 먹을 때에는 공기가 입에 닿아서는 안 되며, 밥을 조금씩 떠서 입에 넣는다.

⑫ 밥을 더 청할 때에는 공기 속에 밥을 조금 남겨 놓는 것이 예로부터의 원칙이었으나, 오늘날에는 이러지 않아도 무방하다.

☺ 일식(연회용) 젓가락의 종류와 용도

❶ 이와이바시(祝箸) : 버드나무로써 만든 것으로, 신년 연회나 회갑 잔치 때 등에 사용한다.

❷ 리큐바시(利休箸) : 삼목(杉木)으로써 만든 것으로, 양끝이 둥글고 가늘게 되어 있는데, 회석(會席) 등에 사용한다.

❸ 와리바시(割箸) : 이것도 삼목으로서 만든 것인데, 머리 쪽만 하나로 붙어 있다. 이것은 우리나라에서는 '소독저'라고 불리는 것으로, 가장 널리 쓰인다.

❹ 도리바시(取箸) : 나무나 상아로써 만든 것인데, 접시 · 사발에 담는 요리나 과자 · 고오노모노(香物) 등을 각자의 접시에 덜어 놓을 때 사용한다.

❺ 하기노바시(萩箸) － 도리바시의 일종으로 과자그릇 등에 쓰이며, 싸리나무로써 만든다.

⑬ 밥을 청하는 횟수는 두 번 정도가 한도이다. 즉, 처음 한 그릇과 합하여 세 공기이다. 특히 주의할 점은, 예로부터 한 공기만 먹는 것은 장례식 때 이외에는 무례하게 여겨져 왔으므로, 적어도 한 번은 더 청해야 올바른 에티켓이 된다.

⑭ 국은 밥과 교대로 한 입씩 먹는 것이 예법이다. 그러므로, 국을 단숨에 다 마시는 일이 없도록.

⑮ 국속에 들어 있는 음식을 먹을 때에는 국그릇을 왼손에 든 채 먹는 것이 예법이다.

⑯ 국을 다 먹었으면 대체로 한 번 정도 더 청하는 것이 예의이다. 그리고, 국을 다 먹으면 뚜껑을 덮어 먼저대로 해 놓는다. 이때 국 뚜껑을 뒤집어서 국그릇에다 올려놓으면 안 된다.

⑰ 식사가 끝나면 젓가락을 다시 젓가락 주머니에 넣으며, 젓가락 주머니가 없는 경우에는 상 위에 놓아둔다. 그리고, 식탁인 경우에는 하시오끼에 올려놓는다.

⑱ 식기의 뚜껑을 모두 처음대로 덮어 놓는 것이 에티켓이다.

중국식(中國食)의 매너

1. 식탁의 준비

① 흑단(黑檀)·자단(紫檀) 또는 장(樟)나무로 만든 주색(朱色)으로 칠한 정방형의 식탁이 정식이다. 그리고, 팔선탁(八仙卓)은 약식의 경우에만 사용 한다.

② 어느 경우이든 식탁보(클로드)는 깔지 않는다.

③ 정식 연회에서는 은제(銀製) 식기를, 약식인 경우에는 도자기 식기를 사용하는 것이 일반적이다.

④ 연회 식탁에 필요한 용기로서 손님 각자 앞에 놓는 것은 다음과 같다.

- 라이즈 : 저(箸)
- 미테 : 양념 접시
- 쾌이쯔가 : 수저받침
- 탕완 : 사발 탕기(湯器)
- 지미쯔 : 수저
- 쥬배이 : 술잔
- 쇼오테 : 앞 접시
- 챠배이 : 찻잔
- 차이단 : 식단
- 슈진 : 수건
- 장유 : 간장
- 추 : 식초

⑤ 요리를 내놓는 순서는 다음과 같다

- 전채(前菜) : 처음부터 식탁에 내놓는데, 량차이(凉菜)를 먼저 내놓고, 여차이(熱菜)는 그 다음에 낸다.

- 뎅싱(點心) : 요리 중간에 내놓는 것이 보통인데, 대체로 식사가 다 끝날 무렵에 내놓는다. 이것에는 단맛이 나는 것과 짠맛이 나는 것의 두 종류가 있다.

- 주요 요리 : 대체로 8품(八品)이지만, 경우에 따라서는 6품이나 10품도 내놓을 수 있다. 이것은 전채 요리 다음에 순서대로 계속하여 내놓는데, 이순서는 맛으로 치면 요리가 짙은 것부터 내놓는다.

- 탕차이(湯菜) : 식사 끝에 내놓는 국 요리이다. 탕에는 여러 종류가 있으나, 식사 끝에 내놓는 것은 칭탕(淸湯; 맑은 국)이어야 한다.

- 판(鈑; 밥) : 판은 건반(乾飯)이라고도 하며, 죽은 씨판(稀飯)이라고

도 하는데, 이것들은 반드시 식후에 대접한다. 그리고, 때로는 밥과 죽 두 가지를 준비했다가 손님이 자유로이 선택하게도 한다.

2. 중국식 식사의 매너

중국 요리의 식탁 예법은 북경(北京)·남경(南京)·광동(廣東)의 세 가지 식을 비교할 때 각각 다소 차이가 있지만, 그 기본적인 공통 매너는 다음과 같다.

① 요리는 회전식 테이블에 놓은 것을 차례로 자기 접시에 덜어 놓고 돌린다.

② 돌아온 요리가 자기 앞에 오면 사양 말고 덜어낸다.

③ 이때 입에 맞지 않는 음식이라면 곧 다음 사람에게 돌린다.

④ 테이블에 요리가 남아 있을 동안은 몇 번을 떠내어도 무방하다.

⑤ 겨자 등의 조미료는 접시에 덜어서 젓가락 끝으로 요리에 묻혀서 먹는다.

⑥ 뼈가 붙은 닭고기 요리는 손에 들고 먹어도 상관없으며, 뼈는 마련된 그릇에 담는다.

⑦ 큰 접시의 요리는 자기 젓가락으로 집어도 된다. 다른 젓가락을 사용하는 것은 중국 요리의 경우엔 금지 사항이다.

⑧ 젓가락은 접시에 걸쳐 놓지 말고, 테이블에 놓아둔다.

⑨ 식사 시작은 주인이 먼저 먹은 후에 시작하는 것이 에티켓이다. 이 까닭은, 옛날 중국 왕실에서의 독살 사건은 그 대부분이 음식에 독물을 넣었기 때문에, 먼저 주인이 시식(試食)함으로써 손님들을 안심시키는 것이다.

7장

방문과 접대·초대의 에티켓

사적(私的)이
든 공적(公的)이든 다른 사

람의 집을 방문한다는 것은 그 사람의 성(城)으로 들어

가는 것과도 같다. 그리고, 남의 집에 오래 머물러 있는 것은

스스로를 천하게 하는 것이며, 또 너무 자주 내왕하는 것은 친밀

한 사이를 오히려 소원하게 만든다. 그러므로, 방문을 하거나 접

대·초대할 때에는 그 어느 경우보다도 에티켓에 잘 따르도록 해

야겠다.

여기에서는 주로 윗사람이나 여성이 남성의 집을 찾아갈 때의 여

러 가지 에티켓에 관하여 알아본다.

방문의 에티켓

1. 방문의 약속

누구를 무슨 일로 방문하든지 반드시 미리 약속해야 된다. 방문 그 자체는 그 사람의 하루 생활의 리듬이나 계획을 수정해야 되는 일이므로, 그냥 불쑥 찾아간다는 것은 큰 실례이다.

● 방문 약속의 방법

① 요즘처럼 바쁜 시대에는 상대방의 형편을 물을 때 전화를 사용해도 상관없다. 그러나, 이쪽에서 먼저 시간 등을 정하여 묻지 말고, 몇 시에 방문하면 좋겠는가를 먼저 묻는 것이 에티켓이다.

② 만일 부인이 전화를 받았을 때에는 본인을 직접 바꿔 달라고 하지 않는 것이 에티켓이다. 이럴 때에는 그 부인에게 용건을 말한 후, 본인의 형편을 알아달라고 하는 것이 예의이다.

③ 방문할 정확한 시간을 약속한다. '오후 3시나 5시쯤' 이라든지, '오늘이나 내일쯤' 하는 애매한 표현은 피하는 것이 좋다.

● 방문하는 날짜와 시간

① 특별한 경우가 아니라면 일요일이나 공휴일은 피하는 것이 상대방에 대한 예의이다. 그러나, 상대방이 일요일 · 공휴일 외에는 시간이 나지 않는 직업인이라면 어쩔 수 없다.

② 방문 시간은 정확히 지키는 것이 에티켓이다. 너무 일찍 찾아가도, 늦어도 안 된다. 왜냐하면, 너무 일찍 찾아가면 그 사람은 하던 일을 중단해야 되고, 늦으면 방문객이 올 때까지 다른 일을 할 수 없으므로 큰 실례이다.

③ 방문 시간은 아침 이른 시간, 저녁 늦은 시간은 피한다. 그리고, 식사 시간에 방문하는 것도 에티켓에 어긋난다.

● 방문 장소

① 방문 장소는 용건의 여하를 불문하고 그 사람의 집을 택하는 것이 정식이다.

② 방문하고자 하는 그 사람 집안에 무슨 우환이 있거나, 또는 무슨 경사로 인하여 사람이 많이 모여 있다고 생각될 때에는 그 집 외의 장소에서 만나기로 미리 약속해 둔다.

③ 여성으로서 특히 남성의 집을 방문하면 안방으로 들어가지 말고, 현관이나 응접실에서 용무를 마친다.

④ 그 집이 너무 좋다고 추켜세우지도 말고, 또 초라하다고 측은해 하

지 말 것. 집이 좋다고 너무 칭찬하면 무슨 부정(不正)이나 하여 집을 소유한 듯한 느낌을 받기 쉽고, 초라하다고 동정하면 그 사람은 다시는 당신의 방문에 응하지 않을 것이다.

2. 방문 때의 옷차림

① 여성의 평상시 방문에는 평상복이면 무난하다.

② 아프터눈 드레스 등의 예복은 특별한 경우가 아니라면 피한다.

③ 소매 없는 옷 등, 피부가 과잉 노출되는 옷은 피한다.

④ 청바지나 '노 스타킹'인 채 방문하는 경우는 에티켓에 어긋난다.

⑤ 비가 올 경우에는 방문 도중에 양말이 더러워질 경우가 있으므로 한두 켤레 쯤은 더 준비해 두는 알뜰함도 있어야겠다.

⑥ 액세서리는 가급적 피하되, 한두 가지 정도라면 무난하다. 화려한 옷치장은 가정집에 어울리지 않기 때문이다.

⑦ 장갑을 끼었을 경우 대문 앞에서 벗도록 한다.

⑧ 모자를 썼을 경우, 양옥이라면 모자를 쓴 채 응접실까지 들어가도 상관은 없지만, 응접실에신 양옥이든 한옥이든 모자를 벗는 깃이 무난하다.

3. 대문 앞에서의 에티켓

● **사람을 부르는 법**

① 우선 옷차림을 다시 점검한다.

② 초인종은 두 번 짧게 누른다. 그래도 응답이 없으면 1초 정도 더 누른다.

③ 그래도 응답이 없을 때에는 대문을 두드리거나 흔들어도 좋으나, 너무 난폭하게는 안 된다. 초인종이 고장 났을 경우도 있다.

④ 초인종이 없는 경우, 대문이 잠겼든 잠기지 않았든 먼저 대문을 열면 안 된다.

⑤ 대문을 반쯤 열고 얼굴을 디 밀며 사람을 부르는 것은 예의에 어긋나는 행동이다.

🕐 약속하지 않은 방문(訪問)은 삼가도록

잘 알지도 못하는 사람을 용무가 있어서 방문할 때에는 반드시 전화 등으로 날짜와 시간, 만날 장소 등을 미리 약속해 두는 것이 에티켓이다. 그리고, 방문 시간은 상식적으로 아침 일찍 이나 밤, 식사 시간 등은 피해야 하며, 또 상대방이 원하지 않는 한 휴일도 피하는 것이 좋다. 왜냐하면, 개인적인 시간을 침해하는 것은 에티켓에 크게 어긋나는 일이기 때문이다.

시간에 맞춰 방문하면 "약속을 드리고 온 ㅇㅇㅇ입니다."라고 알린 후, 코트·장갑·머플러 등을 벗고 단정하게 기다린다. 그리고, 응접실일 경우에는 큰 의자, 한식 방일 경우에는 아랫목을 피해서 적당한 자리에 앉는다. 큰 의자나 아랫목은 상좌(上座)이기 때문이다.

만나기로 한 상대방이 나타나면 자리에서 일어나 "바쁘신데 시간을 내주셔서 고맙습니다."라고 인사드린 후, 바로 용건을 간결하게 전하도록 한다.

---

⑥ 누구든 '들어오라'는 말이 있기 전에는 모자·장갑·머플러 등은
　 벗어도 좋으나, 코트 등은 벗어서 안 된다. 코트를 벗고 있으면,
　 '들어오라'는 말도 하지 않았는데 들어갈 작정인 경우가 되므로
　 실례이다.

● 불의(不意)이거나 부재중(不在中)일 때

먼저 약속한 후에 방문하는 것이 에티켓인 줄은 알지만, 연락이 닿지
않아 뜻밖에 방문하는 경우도 있을 수 있고, 또 방문하고 보니 주인이
없는 경우도 있을 것이다.

① 뜻밖에 방문했을 때에는 목적한 사람이든 아니든 명함부터 내놓고
　 이쪽의 신분부터 밝힌다.
② 목적한 사람 대신 다른 사람이 '왜 왔느냐'고 꼬치꼬치 캐어묻는
　 다고 얼굴을 찡그리면 안 된다. 그 사람이 이 집의 누구인지 알 수
　 없는 노릇이다.
③ 목적한 사람이 부재중이라고 하면 당신의 신분을 밝힌 후, 다시 연
　 락한다고 하며 물러난다.
④ 집안에 있는 듯한 데에도 부재중이라고 하면 어쩔 수 없는 노릇이
　 다. 뜻밖의 방문이므로 더 이상 불쾌히게 여길 필요는 없다.
⑤ 부재중일 때, 안내자가 방으로 들어오란다고 불쑥 들어가면 안 된
　 다. 사양하는 것이 에티켓이다.
⑥ 그러나 만날 사람이 곧 귀가하는 경우라면 응접실에서 잠시
　 (10~20분 정도) 기다려도 무방하다.

4. 현관에서의 에티켓

① 현관이나 대문에서 끝낼 용건은 그곳으로서도 충분하다.

② 주인이 현관까지 나와서 손을 내밀며 반겨 줄 때에는 장갑을 꼈거든 벗고 악수한다. 이때 이쪽에서 먼저 손을 내밀지 않도록. 평교(平交) 사이라면 예외 이지만.

③ 자가용차를 타고 미리 약속한 후 방문했을 때에는 모자·장갑·머플러 등은 자동차 속에다 두되, 핸드백은 들고 현관으로 간다.

④ 그러나, 불의(不意)의 방문이라면 코트를 벗은 채 현관에 들어서는 것은 안 된다. '들어오라' 는 말이 있은 후에 벗도록.

⑤ 이때 안내자가 코트를 받아 주려고 하거든 사양 말고 넘겨준다.

⑥ 신발을 아무렇게나 벗어 놓아두면 안 된다. 앞을 보고 선 채로 가지런히 벗어 놓아두도록.

⑦ 비가 오는 날의 방문길에 양말이 더러워졌거든 현관이나 마루 구석에서 준비해 간 새것으로 바꿔 신는다.

⑧ 이것은 속스(짧은 양말)의 경우에 한하는 일이다. 스타킹을 그런 곳에서 바꿔 신는 것은 도리어 에티켓에 어긋난다. 스타킹은 화장실에서 바꿔 신든지, 속스를 스타킹위에 껴 신는 것도 요령이다.

⑨ 간단한 선물이라도 들고 방문했을 경우에는 현관에서 내놓는 것이 무난하다.

5. 응접실에 들어갈 때

① 화장을 고치는 등의 일은 자동차 속에서나 다른 장소에서 미리
  해 두어야 할 일이다. 그 집 현관에서나 응접실에서 화장을 고치
  지 말 것.
② 응접실에 들어가는 일은 안내자의 지시에 따른다. 안내자보다 먼
  저 앞서 가는 것은 안 된다.
③ 만일 방을 지나서 응접실로 안내될 경우, 그 방을 지나면서 방안을
  이리저리 둘러보는 것은 좋지 않다.
④ 안내인이 응접실 앞까지만 안내하고 돌아갈 경우, 반드시 응접실
  문을 노크한다. 노크는 두세 번이면 족하며, 속에서 응답이 없더라
  도 도어를 연다.
⑤ 노크할 수 없는 구조의 응접실이라면 밖에서 "실례합니다." 하고
  나서 들어간다.
⑥ 코트 · 머플러 · 쇼올 등은 마루나 문간방에다 벗어 둔다. 먼지가
  묻어 있을 지도 모르기 때문이다.
⑦ 그러나, 핸드백만은 가지고 들어간다. 또, 선물을 현관에서 전하지
  않았다면 가지고 들어간다.

6. 응접실에 들어가서

① 안내인이 응접실의 의자에 앉기를 권하면 사양 말고 앉는다.

② 그러나, 안내인이 맨틀 피스(mantel piece) 앞에 있는 의자를 가리키며 앉으라고 한다고 그냥 앉으면 안 된다. 그곳은 양실의 상좌(上座)이므로 괜찮다고 사양한다. 그리고, 말석(末席)에 앉는다.

③ 제대로 갖춰진 양실이라면 맨틀 피스 앞에 커다란 안락의자가 놓여 있을 것이며, 그 다음에 보통 안락의자, 소파, 그리고 보통 의자 순으로 놓여 있을 것이다. 이런 경우 입구에 가장 가까운 의자가 제일 말석이다.

④ 가지고 들어간 핸드백이나 선물 등은 탁자나 빈 의자 위에다 올려 놓는다. 결코 바닥에 놓지 않도록.

⑤ 한식 방으로 안내되었을 경우에는 아랫목에 앉지 말도록. 그곳은 주인의 자리이므로, 윗목 또는 입구에 가까운 곳에 앉는다.

⑥ 이때 휴대품은 자기 오른쪽이나 왼쪽에 놓는다. 무릎 앞에 놓는 것은 좋지 않다.

⑦ 응접실에서 이리저리 왔다 갔다 하며 두리번거리는 것은 좋지 않다. 다소곳이 앉아서 주인이 나오기를 기다린다.

⑧ 주인이 나타나면 자리에서 일어나 인사를 주고받는다.

⑨ 응접실에 알지 못하는 손님이 먼저 와 있을 때에는 가볍게 목례를 한 후 안내인의 지시에 따르면 된다.

⑩ 이때 그 선객(先客)보다는 아랫자리에 앉는 것이 에티켓이다.

⑪ 선객이 주인과 대화중일 때에는 제일 먼 쪽에 앉아서 기다리되, 그 대화를 엿듣는 듯한 인상을 주지 않도록 주의한다.

⑫ 주인과 함께 차(茶)를 들 때 찻잔에 먼저 손을 대어서는 안 된다. 그러나, 주인이 먼저 들라고 권할 때에는 너무 사양 말고 든다. 주

인 쪽에서는 손님을 접대하는 것이 에티켓이기 때문이다.

⑬ 주인과 얘기에 열중하나 보니 뜻하지 않게 식사 시간이 되었을 경우, 이럴 때에는 곧바로 일어선다.

⑭ 그러나, 주인이 함께 식사하자고 권하면 너무 사양하지는 말 것. 손님을 위해 식사를 준비했는데 그냥 일어서면 이것도 실례이다.

⑮ 이야기 도중에는 되도록 화장실에 가지 않는다. 그러나, 불가피한 경우에는 주인에게 양해를 구한 후 곧 갔다 온다.

⑯ 주인이 바쁜 눈치이거든 시간이 오래 걸리지 않는다고 미리 일러 둔다. 그리고, 단시간 내에 용무를 마친다.

7. 작별할 때의 에티켓

① "오랜 시간을 내어 주셔서 고맙습니다." 정도의 인사를 한 후 일어 선다.

② 의자에 앉았다 일어서게 되면 의자가 뒤로 밀리게 마련인데, 이때 에는 의자를 원위치로 해 놓는다.

③ 방석에 앉았다 일어설 때에는 그대로 두는 것이 좋다. 방석을 괜히 뒤집어 놓거나, 또는 방구석으로 밀어 놓는 등 공연한 짓은 할 필 요가 없다.

④ 주인이 문 밖까지 전송하려는 기미가 보이거든 "괜찮습니다. 나오 지 마십시오."하며 일단 사양하는 것이 에티켓이다.

⑤ 그러나, 주인이 굳이 전송해 주거든 "대단히 고맙습니다." 정도의

인사를 하며 전송받는 것이 예의이다.

⑥ 응접실에서 동석(同席)한 사람보다 먼저 자리를 뜰 때에는 "먼저 실례합니다."라고 한다. 그러나, 이 인사는 주인에 대한 인사 후에 하는 것이 옳다.

⑦ 동석한 손님이 당신보다 먼저 자리를 뜰 때에는 그 자리에서 일어서는 정도로서 족하다. 주인이 전송한다고 하여 현관이나 문 밖으로 따라 나갈 필요까지는 없다.

⑧ 코트는 현관을 나온 후에 입는 것이 에티켓이다. 응접실에서 미리 입는다든지 복도에서 입는 일이 없도록.

⑨ 머플러·모자·장갑·쇼올 등은 대문을 나선 후에 착용한다.

⑩ 응접실로 들어가기 전에 신었던 슬리퍼는 먼저 있었던 그 자리에 가지런히 벗어 놓는다.

⑪ 신발을 신을 때 등을 주인 쪽으로 향하면 안 좋다. 여성이 구부린 등을 보이는 것보다는 주인 쪽을 향하여 신을 신는 것이 좋다.

8. 위문(慰問)의 에티켓

다른 사람을 방문하는 것은 반드시 좋은 일이 있어서만은 아니다. 문병(問病)하는 경우도 있고, 불의의 재난을 당한 사람을 위문하러 방문하는 경우도 있다. 그러므로, 이런 일로 인하여 방문할 때의 에티켓에 관하여 기본적인 설명을 하기로 한다.

① 문병을 갈 때에는 그 병명(病名)을 미리 알아 둔다. 교통사고라면

어디를 다쳤는지 정도는 알고 문병하는 것이 좋다.

② 병실에 가지고 가는 꽃은 환자 위주로 선택한다. 내가 그 꽃을 좋아한다 하더라도 환자는 그 꽃을 싫어할 수도 있는 법이다.

③ 환자의 취미에 맞는 위문품을 택한다. 환자가 야구를 좋아한다고 해서 야구방망이를 들어 갈 수는 없다. 이런 때에는 야구에 관한 책 정도면 무난하되, 되도록 화보가 많은 것을 고른다.

④ 질병·화재·도난 등 불의의 재난을 당한 사람에게는 현금(現金)을 보태는 것도 현명한 일이다. 재난을 당한 사람이 제일 걱정하는 것은 경제 문제일 것이므로, 오늘날에는 현금으로 위문하는 것도 실례는 아니다.

⑤ 재난을 당한 사람을 방문할 때에는 적극적으로 도울 자세로 찾아간다. 화재가 나서 엉망인 집에 짧은 스커트에다 하이힐을 신고 가면 좋지 않다. 이럴 때에는 바지 차림에 운동화 정도를 신고 가서 도울 태세를 취하는 것이 올바른 인정(人情)이다.

⑥ 환자를 문병할 때에는 너무 화사한 옷차림도, 지나치게 우중충한

> **☞ 산모(産母)를 축하 방문할 때**
>
> 산후(産後)의 산모나 신생아는 조용히 휴양해야 하므로, 출산을 축하하는 방문은 되도록 삼가는 것이 좋다.
>
> 그러나, 방문했을 때에는 잠깐 다녀 나오도록 하고, 긴 시간 이야기 한다든지 애기에게 지나치게 접근한다든지 하는 일은 삼가야 한다. 그리고, 방문 시기는 적어도 2·3일이 지난 후가 좋으며, 말과 행동을 조심해야 한다.
>
> 또, 추운 날에는 그대로 들어가서 애기나 산모 곁에 가는 것은 삼가야 한다. 왜냐하면, 방문객 몸의 냉기 때문에 애기나 산모가 감기에 걸릴 우려가 있기 때문이다.

옷차림도 아닌 수수한 옷을 입는 것이 좋다. 그러나, 흑색 옷은 피할 것. 이것은 장례 때 입는 옷 색이므로.

⑦ 타지(他地)에 가 있는 등 직접 위문하지 못할 때에는 우선 전화라도 해서 위로한다.

⑧ 문병은 빠를수록 좋다. 시간이 경과하여 그보다 더 나쁜 상태(사망 등)가 되면 무슨 소용이겠는가.

⑨ 그러나, 긴 요양을 요하는 환자라면 시간을 두고 늦게 찾아가는 것도 좋다. 처음에는 문병 손님이 많다가도 며칠 지나면 발걸음이 뜸해지는 것을 흔히 보게 되므로, 환자가 쓸쓸할 때 찾아가는 것도 현명한 처사이다.

⑩ 문병 시간은 길지 않은 것이 좋다. 너무 금방 불쑥 나와도 좋지 않으며, 대체로 20~30분 정도면 무난하다.

⑪ 직장인이 입원해 있을 경우, 환자에게 좋지 않을 것이라 하여 '일'에 관한 얘기는 일체 피하는 것은 생각해 볼 문제이다. 환자는 회사일이 어떻게 됐나 하고 몹시 애태우고 있을 것이기 때문이다. 심각한 일이 아니라면 얼마쯤은 얘기해 주는 것이 좋을 것이다.

⑫ 환자 곁에 육친(肉親)이 있을 때에는 그 사람에게 먼저 위로의 말을 하는 것이 에티켓이다. 또, 2인용 이상의 병실일 때에는 다른 환자에게 "실례합니다. 저는 이 사람의 회사 동료입니다." 정도의 인사를 하는 것이 옳다.

⑬ 문병 온 다른 사람을 오래 기다리게 하는 것은 에티켓에 어긋난다. 환자를 독점하는 일은 없도록.

⑭ 환자의 증상에 대해선 함부로 말하지 말 것. 때에 따라선 환자가

자기의 증세를 모르도록 되어 있는 병원도 있다. 병은 의사가 고치는 것이므로, 병에 대해 아는 체하는 것은 좋지 않다.

⑮ 담당 의사나 간호원에게도 진정으로 감사하다는 인사를 할 줄 안다면, 당신은 참으로 배려 깊은 사람이라고 하고 싶다.

⑯ 암(癌)으로 입원한 환자에게 "아 글쎄, 우리 옆집 아주머니도 그 병으로 죽었다더라." 하는 식의 말을 하면 어떻게 되겠는가. 환자에게는 온화한 말, 즐거운 화제(話題)를 꺼내야 한다.

접대의 에티켓

1. 대문이나 현관에서

① 대문이나 현관은 손님을 맞이하기 위한 첫 관문이므로 깨끗이 청소해 둔다.

② 현관에 슬리퍼를 준비해 둔다. 맨발로 복도나 마루를 걸어가게 하는 것은 실례이다.

③ 초인종이 울리면 우선 대답부터 한다. 만일, 화장실에 있는 경우라도 대답이 우선이다. 이 집에 사람이 있는지 없는지 망설이게 하는 것은 손님에 대한 실례이다.

④ 대문은 그 집 주인이나 여주인이 열어 주는 것이 원칙이다.

⑤ 방문 온 사람은 미리 약속했을 것이므로, "기다리고 있었습니다." 라고 인사하면 손님은 기분이 좋아진다.

⑥ 손님에게는 가족 전체가 인사하면 보다 좋다. '이분은 아버지를 찾아온 것이니깐 나와는 상관없는 일'이라는 생각보다는 "안녕하세요? 제가 둘째 딸입니다."정도의 인사라면 얼마나 좋은가.

⑦ 미지(未知)의 방문자일 경우에는 명함을 주거든 두 손으로 받고, "무슨 용무로 오셨습니까?"라고 정중히 묻는다.

⑧ 미지의 손님을 만나고 안 만나고는 전적으로 이쪽의 자유이다. 그래서, 대문에서 그냥 돌려보내는 경우도 있다. 이럴 때에는 보다 정중히 대해야 한다.

⑨ 방문자가 집에 있는데도 없다고 하여 그냥 되돌려 보내는 수도 있다. 이것은 '거짓말'이므로 도덕적으로나 원칙적으로는 허용될 일이 아니다. 그러나, 아프다든지, 그 외에 부득이 만나지 못할 사정이 있을 때에는 그 사정을 솔직히 말하게 하는 것이 좋다.

⑩ 부재중인 남편을 찾아온 손님이 남성이라면 대문이나 현관에서 정중히 응대한다. 그 손님을 응접실에 안내하지 않아도 이 경우엔 실례가 아니다.

⑪ 부재중인 남편을 찾아온 여자 손님은 응접실로 안내하여 차라도 대접하여 가벼운 대화라도 나누면 좋다.

⑫ 부재중인 남편에게 선물을 내놓는다고 그냥 받으면 안 된다. 그러나, 굳이 내놓거든 "받아도 좋을지 모르겠습니다만, 일단 제가 맡아 놓겠습니다."라고 해도 상관 없다.

2. 응접실로 안내할 때

① 손님의 코트 등을 일일이 뒤에서 벗겨 줄 필요는 없으나, 벗은 코트와 모자·장갑·머플러 등은 하나하나 받아서 걸거나 잘 개어 놓는다. 멍하니 서 있지 말 것.

② 그러나, 방문자가 여성이고 안내인이 남성인 경우, 여자 옷 등에 함부로 손대는 것은 큰 실례이다. 이때에는 그냥 서 있을 것.

③ 손님이 벗어 놓은 신발은, 남성이라면 나갈 때 신기 좋게 구두 끝이 문 쪽을 향하게 놓고, 여성이라면 구두 끝은 그 반대 방향이다. 여성은 구부린 등을 함부로 보이지 않는 법.

④ 손님 구두가 더러워져 있으면, 손님 모르게 살짝 먼지를 털어 놓는 것도 손님을 기분 좋게 한다.

⑤ 손님을 응접실로 인도할 때에는 손님 앞에 서도 좋으나, 복도에서는 등을 보이지 않도록 두세 발 앞에 서되, 약간 옆으로 비껴 서서 걷는다.

⑥ 이층 응접실로 안내할 때 계단을 먼저 오르지는 않는다. 어떤 경우든 여성은 계단이나 육교 등을 먼저 오르지 않게 되어 있다. "먼저 오르십시오." 히며 권한 후 뒤따르면 된다.

⑦ 응접실까지 안내했으면 문을 열고 손님 먼저 들어가게 한다. 손님보다 먼저 들어가면 이 경우엔 실례이다.

⑧ 손님을 응접실로 안내했거든 일단 상좌(上座)에 앉기를 권한다. 교양 있는 사람이라면 상좌에 앉지는 않을 것이다. 그래도 일단 권하는 것이 에티켓이다. 어디까지나 '손님'이므로 대뜸 말석(末席)을

권하면 불쾌해진다.

⑨ 안내자가 손님과 이야기를 많이 하는 것은 좋지 않다. 그저 "잠시
만 기다려 주십시오." 정도로 인사하고 물러 나오면 된다.

3. 대접의 에티켓

① 대접에는 차(茶) 또는 과일 정도로서도 족하다. 특별히 식사 초대
한 것도 아닌데 무엇이든 자꾸 내놓은 것은 오히려 손님에게 부담
을 준다.

② 차나 과자·과일을 내놓을 때 가정부에게 시켜서는 안 된다. 여주
인이 직접 내는 것이 에티켓이다.

③ 추울 때에는 더운 물수건, 더울 때에는 찬 물수건을 내는 것도 좋

> **☞ 백일(百日) 초대할 때**
>
> 애기 백일〔또는 돌〕의 초대는 가까운 친족이나 친지에 한하는 것이 좋다. 그
> 리고, 친지 중에서도 평소에 애기의 출생에 대해 특별히 관심을 가지고 염려해
> 주신 분에 한하고, 애기의 순산을 직접 도와주신 분을 초대하는 것이 예의이다.
>
> 그리고, 초대할 때에는 미리 알려서 상대방의 시간 예정에 지장이 없도록 하
> 여야 모처럼의 초청이 더욱 뜻 깊게 된다. 초대할 때에는 전화나 직접 전하는
> 것도 좋지만, 다음과 같은 사연을 카드 등에 적어서 보내면 보다 품위 있고 성
> 의 있게 보인다.
>
> "저의 집 어린것이 그동안 귀엽게 자라서 ○○일이 백일이 되옵니다. ○시에
> 저의 집에 오셔서 어린것을 보아 주셨으면 고맙겠습니다."
>
> "순산을 축하해 주시던 어린것이 벌써 백일이 되옵니다. ○일이오니 꼭 오셔
> 서 축하해 주세요."

은 아이디어다. 그러나, 그것을 사용하라고 자꾸 권하면 오히려 실례이다. 손님으로서는 물수건이 불결하다고 느낄 수도 있기 때문이다.

④ 과일 · 과자 등은 아무 것을 내어 놓아도 상관없겠지만, 차만은 손님에게 물은 후 대접하는 것이 에티켓이다. 손님은 커피를 싫어하는데 커피 잔을 내밀며 자꾸 마시라고 하면 실례이다.

⑤ 아주 더운 날 여자 손님이 찾아온 경우, 선풍기를 틀더라도 손님 다리 쪽은 바람이 가지 않도록 한다. 치마가 펄럭거려 속이 보이면 되겠는가.

⑥ 응접실에는 담배 한 갑 정도 준비해 두는 것도 세심한 배려이다.

⑦ 담배를 권했으면 반드시 담뱃불도 두 손으로 켜서 붙이기 좋게 권한다.

⑧ 위의 경우는 한 번으로서 족하다. 담배를 피울 때마다 불을 켜 주는 것은 술집 종업원들이나 하는 일이다.

⑨ 식사 시간이 되었을 경우, 손님을 응접실에 둔 채 다른 방에 가서 식사하면 큰 실례이다.

⑩ 손님에게 식사 대접을 해야겠다고 마음먹었거든, 도우미에게 "아줌마 뭐든 먹을 것 좀 없어요?" 하고 묻지는 말 것. 손님으로서는 '식사 준비를 안했으니 그만 돌아가 달라' 는 뜻으로 해석할지도 모를 일이다.

⑪ 남자 손님일 경우에는 그 곁에 가서 앉지 않도록. 마주앉는 것이 가장 무난하다.⑫ 식사 대접은 정식의 초대가 아니므로 성찬이 아니라도 좋다. 무관한 사이라면 식구들과 함께 해도 좋다.

⑬ 음식점에서 시켜서 대접하는 것보다는, 적은 음식이라도 여성인
당신이 정성껏 만들어 내놓으면 손님은 흐뭇해 할 것이다.

⑭ 자가용차를 타고 온 손님이라면 그 운전기사에게도 적절히 대접하
는 것이 바람직하다.

⑮ 술을 대접해야 될 경우도 있다. 이때 가정주부라면 술 한 잔 정도
를 따라 주는 것으로 족하다.

⑯ 술을 많이 대접하고 싶지 않을 때에는 미리 “술은 이것밖에 없습니
다.”라고 말해 둔다. 나중에 가서 “이젠 술이 없어요.”라든지 “몸에
해로우니 그만 하세요.” 라고 하면 술손님을 불쾌하게 만든다.

⑰ 남자 손님이 화장실을 찾을 때에는 그곳까지 안내만 하고 그냥 돌
아온다. 손님이 볼일을 다 마칠 때까지 밖에서 서서 기다렸다가 물
수건을 건네는 것은 술집 접대부들이나 하는 일이다.

4. 전송(餞送)의 에티켓

① 손님이 돌아가려고 작별 인사할 때 자꾸 말리는 것은 오히려 실례
이다. 그 사람이 무슨 다른 스케줄이 있어서 빨리 가야 될지도 모
를 일이다. 특히, 남자 손님이라면 더는 붙잡지 말도록.

② 그러나, 한 번쯤 의례적으로 “좀 더 계시지요.” 하는 것은 에티켓
이다. 아무 말도 않고, 붙잡지도 않고, 손님이 일어서는 즉시 따라
일어서면 그 손님은 속으로 ‘내가 빨리 가기를 바라고 있었군’ 이
라고 생각할지도 모른다.

③ 남편 손님이라고 하여 방에 그냥 있으면 안 된다. 남편과 함께 손님을 현관이나 문 밖까지 전송하는 것이 가정주부의 에티켓이다.

④ 이층 응접실에서 계단을 내려올 경우라면, 손님보다 한두 계단쯤 뒤에서 내려오도록, 손님보다 먼저 계단을 내려가는 것이 옳다고 주장하는 사람도 있으나, 이것은 그렇지가 않다. 왜냐하면, 총총걸음으로 손님보다 앞서서 가면 손님더러 빨리 가라는 의미가 되기 때문이다.

⑤ 손님의 코트 정도는 들어 주는 것이 좋다. 그러나, 특히 남자 손님에게는 코트를 입혀 주지 않아도 실례는 아니다.

⑥ 손님이 구두를 신을 때에는 구두주걱을 주도록. 구두주걱까지 일일이 준비해 가지고 다니는 사람은 적을 것이므로, 그런 것 정도는 장만해 두는 것이 좋다.

⑦ 승용차 있는 데까지 전송할 경우, 손님이 탄 차가 움직일 때까지 그 자리에 서 있는다. 그리고, “안녕히 가십시오.” 하며 인사한다. 좀 가까운 사이라면 손을 한두 번 흔들어 보여도 좋겠다.

⑧ 손님이 대문을 나서자마자 쾅 하고 닫는 것은 좋지 않다. 적어도 대문 닫는 소리가 손님의 귀에 들리지 않을 때쯤에 닫는 것이 옳다.

초대의 에티켓

오늘날에는 연회(宴會)나 파티에 손님을 초대하거나 초대받는 일이 참으로 많다. 그 종류도 다양해서, 심지어는 '이혼 파티' 까지도 있다는 우스운 이야기를 듣게도 된다.

아무튼 친구나 친지를 초대해서 베푸는 연회나 파티에는 그 무엇보다도 에티켓이 중요하다. 그저 먹고 마시고 떠들며 노래하는 것이 연회나 파티의 참뜻이 아님을 생각하면서, 연회와 에티켓에 대해 알아보자.

1. 연회(宴會)의 에티켓

● 초대장 보내기

회갑연 · 결혼 기념연 등에 친지나 친척을 초대하기로 하여 그 날짜를 정했으면 적어도 1주일~10일 전에 초대장을 보내야 한다. 기일이 너무 촉박하면 초대에 응하고 싶어도 자칫 그러지 못하는 수가 있기 때문이다.

그리고 초대장은 되도록 그날의 주역이 되는 사람, 예컨대 결혼 기념연회라면 결혼기념일을 맞는 부부, 또는 회갑연이라면 회갑을 맞는 당사자가 써서 보내는 것이 원칙이다. 그러나, 회갑연 등은 대체로 그 자손들이 대신 쓰는 것이 보통인데, 이럴 때라도 서명만은 본인이 쓰는 것이 에티켓이다.

① 기후에 대한 인사나 안부 인사는 생략해도 무방하다. 그러나, 쓰고

싶을 때에는 아주 간략하게 쓴다.

② 연회의 목적을 쓴다. 그저 "9월 20일에 종로에 있는 ○○회간으로 오셔서 점심이나 함께 합시다."라고 쓰면 곤란하다. 회갑이면 '회갑'이라고 분명히 밝혀야 초대받은 사람도 그에 알맞은 마음가짐으로 참석하게 되는 것이다.

③ 초대하는 날짜와 시간을 꼭 명기한다. 특히 시간을 정확히 밝히도록. 막연히 '오후' 등으로 쓰면 안 된다. '오후'에 오라고 하여 오후 7시쯤에 연회 장소에 갔더니 이미 연회가 다 끝나서 씁쓸히 돌아온 경우도 있을 수 있다.

④ 연회 장소도 정확히 명기한다. '충무로에 있는 △△음식점' 등으로 쓰면 좋지 않다. 충무로에 낯선 사람은 그 음식점을 찾느라고 애먹게 된다. 되도록 약도를 그려 넣는 것이 가장 무난하다.

⑤ 초대하는 인원수를 밝히면 보다 좋다. '부부 동반'이라든지 '가족 여러분 다함께' 하는 식으로 밝힌다. 그러나, 한 사람만 초대하고 싶을 때에는 그것을 밝히지 않는다.

⑥ 함께 초대되는 사람들의 이름을 밝혀야 될 경우도 있으나, 대체로 "평소에 친숙히 모시고 있는 친지·선배 여러분께 소찬을 대접코자……" 하는 식이라면, 초대받는 사람은 그곳에 모일 사람들을 대충 알 수 있게 된다.

⑦ 보통의 초대연에는 옷차림에 대해 특별한 제한은 없다. 그러나, 특별히 모시는 사람이 있고, 그 사람이 주빈인 경우에는 "당일에는 정식 예장(禮裝)으로 왕림해 주시면 고맙겠습니다."라고 덧붙여 써도 무방하다.

⑧ 연회석을 준비하는 등의 필요 때문에 참석 여부를 알고 싶을 때에는 "우표를 동봉하오니 ××일까지 그 여부를 알려 주시면 고맙겠습니다."라고 써 보낸다.

⑨ 초대장은 오늘날 대체로 인쇄해서 사용하고 있다. 일일이 직접 쓰는 시간을 절약한다는 점에서는 무방하다. 그러나, 초대장을 보내는 사람과 받는 사람의 성명만은 반드시 자필(自筆)로 하는 것이 에티켓이다.

⑩ 특히 주의할 점은, 상사(喪事) 중인 사람에게는 초대장을 보내면 안 된다.

● **연회의 준비**

① 연회장 : 초대할 손님이 5~10명 정도라면 자기 집에서 대접하는 것이 제일 좋다. 그러나, 그럴 사정이 아니라면 음식점이나 레스토랑 또는 호텔의 연회장 등을 이용한다.

② 장식물 : 병풍은 방의 크기에 따라 2폭이든 8폭이든 적당한 것을 택해 방안이 아늑하도록 둘러 세운다. 서화(書畵)는 연회의 취지에 알맞은 것을 걸되, 계절에 어울리는 서화가 무난하다. 꽃은 생화(生花)를 동기(銅器)나 도기(陶器)에 꽂는다. 골동품 등을 놓아도 좋지만, 이것저것 너무 많으면 조잡해 보인다.

③ 방석 : 모두 동일한 방석을 준비하는 것이 좋으며, 돗자리를 깔았을 때에는 방석이 없어도 무방하다. 같은 방석이 없을 때에는 방석 커버만을 같게 하는 방법도 있다.

④ 식기 : 다른 것은 몰라도 식기와 상만은 같은 것을 준비해야 한다.

누구는 은수저인데, 누구는 놋수저라면 기분 좋지는 않다.

⑤ 음식 : 요즘은 대체로 음식점에다 일임하는 풍조이다. 초대한 사람이 많으므로 그러는 수도 허용되며 또 그렇게 받아들여지고 있다. 그러나, 김치 한 가지쯤이라도 집에서 장만하는 정성이 아쉽다. "김치 맛을 보면 그 집 안주인을 알 수 있다."는 말도 잇지 않은가.

⑥ 시중드는 사람 : 집안 여성들〔부족하면 이웃 여성들〕이 시중을 들어야 제격이다. 특히 주의해야 될 점 등은 미리 일러두어 소홀함이 없도록 한다. 음식도 음식점에 일임한 터에, 그 시중도 직업여성〔음식점 종업원〕등을 채용한다는 것은 좀 생각해 볼 문제이다.

☺ 레스토랑 등에 초대 받았을 때

레스토랑이나 호텔 등으로 식사 초대를 받았을 때에는 학생이든 직장여성이든 귀부인(貴婦人)이 된 심정으로 행동해야 한다.

먼저, 의자에 앉을 때에도 의자를 뒤로 당겨준 다음에 앉도록 하고, 메뉴를 선택할 때에는 너무 아는 체해서 상대방으로부터 건방지고 경솔하다는 느낌을 주어서는 안 되며, 그렇다고 너무 신중히 오래 끄는 것도 에티켓에 어긋난다. 그저 자연스런 마음가짐으로 자기의 기호나 식욕에 맞는 것을 선택하면 된다.

주문한 음식이 나오면 서양식으로 먼저 먹는 법이 없도록.

우리나라에선 아직도 그런 풍습에 익숙하지 못하여 상대방에게 불쾌감을 주기 쉽다.

상대가 주문한 음식이 나올 때까지 잠시 이야기를 나누며 기다렸다가 동시에 식사하는 것이 무난하다. 상대가 다른 음식을 권했을 때에는 썩 내키지 않더라도 조금쯤은 손을 대는 것이 그 사람에 대한 에티켓이다. 그러나 자기가 먹지 못하는 고기 등을 권할 때 에는 그 이유를 분명히 밝히고 상냥히 거절해야 된다. 무턱대고 그저 사양하기만 하면 세련된 느낌을 주기가 어렵다.

● **연회의 진행**

① **주인 측의 옷차림** : 주인 측 사람들은 손님들보다 검소한 옷차림을 하는 것이 에티켓이다. 그러나, 초대장에다 '정식 예복'이라고 지정했을 경우에는 주인 측 사람들도 이에 따라야 한다. 그러나, 회갑을 맞은 부모, 돌을 맞은 아기 등은 성장(盛裝)을 하는 것이 보기 좋다. 시중드는 여성은 경쾌하고 깨끗한 옷차림이 좋다.

② **좌석 배치** : 회갑연 등의 주빈이 최 상석에 앉는 것은 당연한 일. 그 외의 자리는 사회적 지위나 나이 등에 따라 적당히 정하게 되는데, 자칫하면 불쾌하게 되는 수도 종종 있다. 그러므로, 연회장 도착 순서대로 차례차례 상석(上席)에서부터 앉도록 하는 것이 가장 무난하다. 그리고, 남녀를 구별해서 자리를 정하는 식도 이제는 없어져야 할 풍습이다. 특히, 부부 동반일 때에는 동석(同席)하는 것이 옳다. 또, 회갑연 등의 경우를 제외하고는 주인은 말석(末席)에 앉는 것이 예의이다.

③ **주인의 인사** : 상차림이 끝나면, 주인과 그 주부는 말석에 앉고, 주인이 일어나서 손님들을 향하여 인사한다. 인사는 어디까지나 간단하고도 정중해야 되며, 여러 사람 앞에서 말해 본 적이 없는 사람은 말이 막히지 않도록 미리 초고(草稿)를 써서 외워 두는 것도 좋다.

④ **술 권하기** : 인사가 끝나면, 주인은 술병을 들고 상석(上席)에서부터 차례차례로 첫잔을 따른다. 물론 두 손으로 따르면서 고맙다는 인사를 한다.

⑤ **여흥** : 우리네 축하연에는 여흥이 있기 마련이다. 그저 먹고 마시

다가 돌아가는 것보다는 노래나 춤 등을 베풀면 흥이 나고 좋다. 사회는 주인이 해도 좋고, 또 미리 정해진 사회자가 해도 좋다. 그러나, 어디까지나 손님에게 여흥을 '강요' 해서는 안 된다. 그리고, 직업 연예인을 부르는 일도 좀 생각해 볼 문제이다.

⑥ 끝인사 : 음식도 여흥도 거의 끝날 무렵에는 주인이 일어서서 끝인사를 한다. "바쁘신 중 왕래해 주셨는데 대접이 소홀하여 송구스럽습니다. 아직 시간도 이르고 하니 천천히 쉬어 가십시오." 정도면 무난하다. 이때 그 타이밍을 잘 보아야 한다. 음식을 채 먹지도 않았는데, 불쑥 끝인사를 하면 '빨리 돌아가 달라' 는 뜻으로 생각되어 불쾌해 지는 수도 있다.

⑦ 손님 전송 : 손님 전송은 반드시 주인 부부가 함께 하는 것이 예의이다. 문 앞에서 일일이 정중하게 전송하되, 이때 주부가 떡이든 무엇이든 기념될 만한 음식을 조금씩 아담하게 포장하여 주면 아주 뜻 깊은 일이 된다.

2. 파티(party)의 에티켓

연회(宴會)도 파티의 범주에 속하는 말이다. 그러나, 오늘날 우리는 연회와 파티를 구별하고 있다. 파티란 서양식 풍습이므로 그렇게들 한다. '회갑 파티' 라고 해서 잘못될 것은 없다.

그러나, 그 내용은 같더라도 그 형식이나 격식 등에 있어서는 파티와 연회가 통상적으로 구별된다고 하겠다.

● **초대장 보내기**

① 날짜와 시각 : 날짜는 되도록 토요일·일요일 및 기타 공휴일로 정하는 것이 좋다. '평일 오후 2시' 등으로 정하면, 직장인들에게는 짜증스런 일이 되기 때문이다. 시간은 되도록 저녁을 택하며, 식사를 위주로 한 파티라면 식사 시간 1시간 전 정도가 좋다.

② 장소 : 손님이 찾기 쉬운 곳, 교통이 편리한 곳을 택하되, 약도를 그려 넣으면 보다 친절하다.

③ 파티의 취지·형식 : 무슨 일로 파티를 여는지를 밝혀야 하며, 가든 파티인지 티 파티·댄스파티인지 등을 명시해야 된다.

④ 복장에 대한 지정 : '평상복' 인지 '정장(正裝)' 인지 등을 반드시 밝힌다.

⑤ 출석 여부 : 참석 여부를 미리 알아둘 필요가 있을 때에는 RSVP라는 약어(略語)를 써도 좋다. 이 말은 프랑스어로 Repondez Sil Vous Plait인데, '바로 답장 주십시오' 의 뜻이다. 그리고, 이 약어 밑에 이쪽의 전화번호를 적어 놓으면 상대방은 편리하다. 또, '부부 동반' 인지 아닌지도 밝힌다.

⑥ 기타 : 파티에 여흥이 있으면 "식사 후 댄스가 있습니다." 등으로 밝힌다. 그리고, 이 초청장 역시 1주일~10일 전에 발송하는 것이 에티켓이다.

● **초대할 사람의 선별(選別)**

이 일은 파티에 있어서 매우 중요하다. 외국의 경우라면 문제되지 않으나, 우리나라의 경우 댄스파티에 노인들을 초대해 젊은이들과 어울리게 해서는 곤란하기 때문이다.

① **나이** : 식사를 위주로 한 파티라면 구애받을 필요가 없다. 그러나, 댄스파티 등에서는 그 나이가 엇비슷하면 좋다.

② **성별** : 어떤 파티는 남녀가 동등한 수이면 무난하다. 그러나, 댄스파티에는 반드시 이성(異性)파트너가 있어야 하므로, 되도록 그 남녀의 수를 같게 하는 것이 옳다.

③ **직업** : 같은 직장 사람들만을 초대하는 것도, 아주 생소한 직업에 종사하는 사람들을 각인각색(各人各色)으로 초대하는 것도 바람직하지 않다. 되도록 상호 연관성 있는 직업인들끼리 모이면 좋을 것이다.

④ **취미** : 이것 역시 직업의 경우와 같다고 할 수 있다. 등산이 취미인 사람들이 거의인데 낚시가 취미인 한두 사람이 섞이면 싫증이 난다. 또, 서로 사이가 좋지 않은 사람을 동시에 초대하는 것은 삼가야할 일이다.

● **파티의 준비**

① **파티 장소** : 넓은 양실(洋室)이 이상적이긴 하지만, 보통 온돌방이나 마루에서도 즐거운 파티를 열 수 있다. 또, 정원이 있다면 그곳에서 가든파티를 열 수 있을 것이다.

② **대기실** : 파티에시의 대기실은 반드시 필요히다. 응접실을 대기실 대용으로 해도 좋다.

③ **화장하는 방** : 이것 역시 여성들에게는 반드시 필요하다. 그리고, 이곳에는 간단한 기초 화장품정도는 갖추어 둔다. 파티 중에는 얼굴 화장이나 옷차림이 흩어지기가 쉽기 때문이다.

④ **음식** : 손님의 나이·성별 등을 고려하여 정성껏 준비하면 된다.

그러나, 디너파티라면 전문적인 솜씨가 필요하다. 주의할 점은, 손님이 거의 다 왔는데도 손님을 맞아야 될 호스테스(여주인)가 부엌에서 일손을 놓지 못하는 일이 없도록 음식 준비는 일찍 끝내는 것이 좋다.

● 파티의 진행

① 손님 맞기 : 파티는 손님을 대문이나 현관에서 맞는 순간부터 시작된다는 생각을 갖도록. 그리고, 호스트(주인)와 호스테스(여주인)가 함께 일일이 맞아들이는 것이 에티켓이다.

② 차(茶) 권하기 : 손님을 대기실로 안내했으면 곧 차를 내놓는다. 호스테스는 또 다른 손님을 맞아야 하므로 차 대접은 다른 여성에게 부탁한다. 이 호스테스의 대역(代役)은 미국 등지에선 대단한 영광으로 여긴다.

③ 소개하기 : 파티에는 여러 사람이 모이게 마련이므로, 서로 알지 못하는 사람끼리는 소개시켜 주는 것이 에티켓이다. 손님 소개는 특별한 사람이 아니라면 도착하는 대로 그때그때 하는 것이 좋다. 그리고, 여성에게는 남성을 먼저, 윗사람에게는 아랫사람을 먼저 소개한다.

④ 자리정하기 : 어떤 종류의 파티든 식탁에 앉을 때는 손님 전부가 참가해야 되므로 자리 정하기에 신경을 써야 한다. 대체로 호스트나 호스테스의 오른쪽이 상석(上席)이고, 그 왼쪽이 차석(次席)인데, 남녀 동석인 때는 식탁을 가운데 두고 남녀가 서로 얼굴을 마주보게 되며, 이때 상 · 하석의 구별은 없다. 그리고, 자리를 정하는 기

준은 사회적 지위나 나이이다. 여성의 경우에는 기혼이라면 그 남편의 지위·나이, 미혼이라면 부친의 지위·나이에 준한다. 또, 독신 남녀일 때에는 나이에 따라 자리를 정하면 무난하다. 혼잡을 피하기 위해 네임 카드를 미리 식탁 위에다 각각 올려놓는 것도 좋은 방법이다.

⑤ **여흥** : 댄스파티라면 그것으로 족하지만, 그렇지 않은 파티에서의 여흥은 모두가 함께 즐길 수 있는 것이어야 한다. 한쪽에서는 노래 자랑, 다른 쪽에서는 트럼프놀이… 이런 식이 되지 말고, 참석자 모두가 두 팀으로 나뉘어 즐길 수 있는 게임 등을 미리 생각해 두어야 할 것이다.

⑥ **기타** : 호스트나 호스테스는 파티에 있어서 연출자(演出者)이다. 그러므로, 술이 취해 분위기를 깨는 손님이 있으면 테라스 같은 데

☞ 생일파티의 순서

생일파티는 저녁때 디너파티로 베푸는 것이 일반적이다.

그러나, 날씨나 계절이 좋을 때에는 오후에 티파티나 가든파티를 베풀어도 운치가 있다. 생일파티에 정해진 순서가 있는 것은 아니지만, 대체로 다음과 같은 순서로 진행 하는 것이 좋다.

❶ 디너코스 : 저녁에 정식 디너를 베풀어서 파티를 시작한다. 이때에는 식사의 내용에 따라서 그 매너가 달라지게 된다.

❷ 소 등 : 생일 케익에 촛불을 켜고 다른 불은 모두 끈다. 그리고, 생일의 주인공을 향하여 '생일축하노래'를 즐겁게 부른다.

❸ 케익 자르기 : 주인공이 케익에 꽂힌 촛불을 모두 끄면 박수로써 축하한다. 그리고, 주인공이 케익을 먼저 자른 후 모두가 나누어 먹는다.

❹ 축하 및 후식 : 축하의 말을 할 사람은 진심어린 축하의 말을 하며, 준비한 선물을 건네고 후식을 들면서 건배한다.

로 이끌고 가서 비위를 맞추며 잘 구슬러야 한다. 또, 테라스에 홀로 우두커니 서 있는 손님이 있다면 그 곁으로 가서 다정하게 말을 걸어 기분을 전환시켜 줄줄도 알아야겠다.

● 파티의 종류

① 신년(新年) 파티 : 정월 초하루만은 파티를 피하는 것이 좋다. 대체로 신년 첫 주일이나 둘째 주일 이내면 무난하다. 여흥으로서는 윷놀이 정도가 좋으며, 신년 초부터 돈따기 화투장을 돌리는 것은 좋은 일이 못 된다. 그리고, 음식은 각자 취향대로 먹을 수 있는 뷔페 스타일이면 무난하다.

술을 못하는 사람이라도 포도주 한 잔쯤은 들고, "새해를 맞이하여 여러분 모두에게 행운이 가득 하기를 기원하며 건배합시다!" 하는 호스트에 따라 건배하는 것이 에티켓이다.

② 생일 파티 : 부모님의 생신을 위한 파티가 아니라면, 이때에는 케익과 기타 음식을 1인분씩 접시에 담아 대접하는 것이 무난하다. 케익은 생일 파티의 주된 음식이므로 반드시 준비할 것. 케익에는 생일 주인공의 만(滿) 나이보다 하나가 더 많은 수의 촛불을 꽂고, 방안의 불을 모두 끈 후 주인공이 불어서 끄도록 한다.

이때에는 모두 박수를 치며 '생일축하노래'를 합창한다. 그런데, 예를 들면 45세 된 사람이라 하여 촛불 45개를 꽂을 수는 없으므로, 이때에는 큰 촛불 4개와 작은 촛불 5개를 꽂으면 된다. 그리고 나서는, 주인공은 그 케익을 사람 수만큼 손수 잘라서 돌린다. 그리고, 선물을 주고받으며 이야기꽃을 피운다.

③ **샤워 파티** : 우리 귀에 생소한 이 파티는 '목욕하는 파티'가 아니다. 이것은 서양에서 흔히 있는 파티인데, 매우 뜻 깊으므로 여기에 소개한다.

어떤 한 사람의 뜻 깊은 일을 당하여 여러 사람이 함께 선물들을 '샤워'처럼 퍼붓는 파티가 샤워 파티이다. 예컨대, 친구가 약혼을 했다면 다른 친구들이 초청장〔물론 샤워 파티임은 비밀로 함〕을 보내어 초대한 후, 이날은 샤워 파티임을 선언하고 선물을 한 아름 안겨 주면 얼마나 좋을까.

축하하는 것이 주목적이므로, 비싼 선물보다는 정이 담뿍 담긴 선물이 더 좋다.

④ **결혼기념일 파티** : 이 파티의 본래 취지는 결혼 후 평소에 신세를 진 친지나 친척들을 초대하는 것이 주목적이므로, 다른 파티에서처럼 크게 신경을 쓸 일은 아니다. 손님은 부부 동반으로 초청하는 것이 좋으며, 그렇지 않을 경우라도 남편측과 아내측이 비슷한 수가 되면 좋다.

그리고, '여러분의 덕분으로 우리 부부는 이렇게 행복하게 결혼 생활하고 있다'는 의미가 담긴 파티이므로, 음식은 주부가 손수 정성껏 장만하여 대접해야 옳다.

⑤ **댄스파티** : 여흥으로서의 댄스가 아니라, 댄스 그 자체를 목적으로 한 것이 댄스파티이다. 이 파티에서 특히 주의할 점은 남녀의 수가 같아야 된다는 것이다. 그러나, 누구든 댄스파티에는 이성(異性) 파트너를 동반해야 된다는 것쯤은 알고 있을 터이므로 크게 신경을 쓸 일은 아니다.

댄스는 생각보다 힘들어서 쉬 배가 고파지게 마련이다. 그러므로, 댄스홀 한 구석에다 간단한 음식, 즉 과자 · 토스트 · 캔디 · 주스 · 홍차 등을 준비해 두어야 한다.

댄스파티에서 지켜야 될 에티켓에 관해서는 '9. 우아한 사교댄스' 항을 참고하기 바란다.

⑥ 크리스마스 파티 : 서양에서는 크리스마스가 국가적인 축제일로 되어 있으며, 우리나라도 차츰 신자(信者)든 아니든 이 풍조에 젖고 있다. 당신이 기독교인이 아니더라도 누가 초청하면 응하는 것이 에티켓이므로, 다음과 같은 사항은 상식 정도로서도 알아 두면 나쁠 것이 없다.

- 크리스마스트리는 크리스마스이브까지 끝내야 한다.

- 크리스마스트리에 쓰는 나무는 대체로 전나무가 보통이지만, 요즘에는 나무 아닌 대용품을 많이 쓴다.

- 크리스마스 상징색은 빨강과 초록이므로, 트리는 주로 이 두 색으로써 장식한다.

> ☞ **크리스마스와 X마스 트리의 유래**
>
> 예수 그리스도가 탄생한 날인 12월 25일이 크리스마스이며, 그 전날인 12월 24일 밤을 '크리스마스이브'라고 한다. 그리고, 이 이브에서 1월 6일까지의 12일제(祭)를 '크리스마스 타이드' 혹은 '크리스마스 시즌'이라고 한다.
>
> 크리스마스란 원래 '그리스도의 미사'의 뜻이며, Xmas라고 할 경우의 X자는 그리스어인 Xristos(그리스도)의 첫 글자를 딴 것이다.
>
> X마스 트리는 원래 상록수에다 갖가지 장식과 착색한 촛불을 켜고, 그곳에다 어린이들의 선물을 달아 놓았었다. 이 풍습은 영국의 빅토리아 여왕 초에서부터 있었으며, 이것이 독일에 전해지고, 이후 유럽과 세계 각지로 퍼져 오늘에 이르고 있다.

- 크리스마스 디너로는 칠면조 요리가 제격인데, 칠면조 대신 닭을 대신해도 무방하다.
- '올 나잇 댄스'는 크리스마스 파티의 여흥으로서는 곤란하다. 크리스마스는 어디까지나 가정적이어야 된다.
- 산타클로스의 출현은 파티가 한창일 때가 좋다. 그리고, 한 사람 한 사람마다 그의 취미와 처지에 알맞은 선물을 준다면 이 파티는 성공이다.

● 파티의 형식

① 티 파티 : 우리들 사교 생활에서 가장 친근한 것이 바로 이 티 파티이다. 그리고, 어떤 종류의 파티도 이 형식으로 열 수가 있으며, 피차에 아무 부담 없는 장점이 있다. 그러나, 이 티 파티에서도 다음 사항 정도는 유의해 두는 것이 좋다.

- 시간은 장시간의 파티가 아니므로 어떤 시간이든 좋으나, 식사 시간만은 피하는 것이 좋다. 대체로 오후 1시~5시 사이가 무난함.
- 음식은 차〔커피 · 홍차 등〕와 주스, 과자 정도로서도 무방하다. 그러나, 샌드위치나 핫도그 등 경식(輕食)을 약간 준비하면 보다 좋을 것이다.
- 어떤 여흥을 택해도 좋지만, 여흥으로서 댄스를 할 경우에는 초대장에다 미리 그것을 명시해야 된다. 왜냐하면, 손님은 그에 알맞은 옷차림을 해야 되기 때문이다.

② 칵테일파티 : '칵테일'이란 원래 서양의 향기 있는 혼합주(混合酒)

를 말하는 것이다. 그리고, 칵테일글라스에 한 잔, 안주는 한두 쪽으로 되어 있다. 그러나, 우리네 칵테일파티는 여기저기 어울려 술이나 마구 마셔대는 것으로 잘못 인식되고 있다.

- 시간은 대체로 오후 2시부터 여는데, 호주가(好酒家)들을 즐겁게 해 주고 싶은 배려에서라면 오후 4시~5시쯤에 시작해도 좋다. 그러나, 칵테일파티 시간은 3시간을 넘지 않도록 신경을 쓰도록. 시간이 길면 음주량이 늘어 취하고, 모처럼의 모임이 시끄럽게 되면 아무 의의가 없다.
- 여러 가지 종류의 양주(洋酒)를 준비하되, 손님의 주문이나 기호에 따라 즉석에서 조합(調合)할 수 있도록 한다.
- 그리고, 최소한 세이커, 스트레이너(얼음 조각을 받치는 것), 글라스, 스푼만은 꼭 준비한다.
- 안주로서는 카나페(Canape)가 꼭 있어야 한다. 카나페란, 엷게 썬 빵에다가 치즈·안초베·사딘·햄·이쿠라 등을 올려놓은 것이다. 이때 포크는 불필요하다. 손가락으로 집어 먹는 것이 정식(定式)이므로 냅킨은 준비한다.
- 이상은 술을 즐기는 남자 손님들을 위한 것이며, 술을 못 하는 여자 손님을 위해선 주스·콜라·사이다 등을 준비하는 것도 잊지 말도록.

③ 런치 파티 : 런치 파티, 즉 오찬회는 다음에 설명할 디너파티(만찬회)보다는 모두가 약식(略式)이므로 손쉽게 열 수 있다.

- 런치 파티는 초대장에 쓴 시간에 꼭 맞추어 식당문을 여는 것이 에티켓이므로, 그 시간 전에 모든 요리 준비를 끝내야 한다.

- 메뉴는 대체로 '오르되브르(前菜) → 생선·달걀 요리와 마카로니 → 쇠고기나 닭고기 요리 → 샐러드 → 디저트' 의 다섯 코스이다.

- 술은 세리주느 칵테일로 한다.

- 위의 메뉴에 따라 손님에게 차례차례 권하는 일은 호스트나 호스테스가 하되, 그 옆에서 시중드는 사람 한 명은 있어야 한다. 그러나, 이런 수고를 덜기 위해 메뉴를 바꾸어 뷔페 스타일로 해도 무방하다.

④ 디너파티 : 디너파티, 즉 만찬회는 가장 정식(定式) 파티이므로, 사교상(社交上)의 목적이 있을 때 개최하는 것이 원칙이다. 그러므로, 다음 사항들에 유의해 두는 것이 좋다.

- 초대장에 '예복' 또는 '평상복' 이라는 구별이 있으면 반드시 그에 따른다. 그러나, 서양에서는 옷차림에 대한 지시가 없어도,

디너파티라면 으례 예복으로 참석한다. 디너파티 시간은 이른 저녁 시간이라면 무난하지만, 대체로 오후 7시~8시 30분 사이에 연다. 그리고, 식당문은 초대장의 개최 시간보다 30분쯤 후에 여는 것이 관례로 되어 있다.

- 양실에서의 상석(上席)은 맨틀피스 앞이며, 입구에 가까운 자리가 말석(末席)이다. 그리고, 식탁에 앉을 때에는 호스테스가 그 상석을 차지하고, 호스트가 그 정면에 입구를 등지고 앉는다.

- 그리고, 주빈〔主客〕의 자리는 남성이라면 호스테스의 오른쪽, 여성이라면 호스트의 오른쪽이다.

- 자리가 정해지면 테이블 위에 접시를 놓고, 그 위에 명함만한 크기의 네임카드를 놓는데, 이 일은 손님이 의자에 앉기 전에 미리 해 둔다.

- 초대 손님이 매우 많아서 레스토랑 같은 곳에서 디너파티를 열 때에는 식당 입구에 테이블 플랜을 붙여 두어야 한다. 그래야, 손님은 미리 그것을 보고 자기 자리를 차지할 수 있다.

- 요리 재료는 제철의 것을 선택한다. 은어가 제아무리 맛있더라도 2월이나 3월의 디너파티에 통조림 은어를 내놓으면 실격이다.

- 대기실에서 기다리고 있는 손님을 식당으로 안내할 때에는 각 남성 한 사람씩은 옆에 앉은 여성에게 팔을 빌려 주어야 하는데, 이것을 지시한 카드를 '오퍼 암'이라고 한다. 이것은 갸름한 종이 가운데를 둘로 꺽어 자(尺) 모양으로 하여 테이블 플랜의 이름 옆에 놓는데, 여기에는 "선생님의 팔을 A양에게 빌려 주십시

오."라고 적혀 있게 된다.

- 식당에 들어가는 순서는, 최상위의 여성이 팔을 빌려 준 호스트와 먼저 들어가며, 호스테스와 팔을 낀 주빈이 제일 나중에 들어간다. 이때 팔을 끼는 법은 남자가 오른쪽, 여자가 왼쪽이다.

⑤ 뷔페 스타일의 파티 : 뷔페(buffet)란 프랑스어로 입식장(立食場)이라는 뜻이다. 그러므로, 이 스타일은 손님의 수가 많고, 정식(定式)이 아닌 파티에 걸맞다.

- 회장(會場)의 중앙〔댄스가 예정되어 있으면 벽 가까이〕에 한두 개의 식탁을 놓고, 인원수에 모자라지 않도록 큰 접시나 은쟁반에다 요리를 담아 놓는다.
- 그리고, 여기에다 포크를 곁들여 놓고 티 세트도 준비해 둔다.
- 뷔페 스타일은 왔다 갔다 하며 포크로서 요리를 먹는 것이므로, 그 스타일에 맞는 요리를 준비해야 한다.
- 그러므로, 샌드위치나 핫도그는 이 스타일의 파티에 없어서는 안 될 음식이다.
- 그리고, 호스테스나 호스트는 접시를 양손에 들고 다니며 "많이 드십시오"라고 권하는 것이 이 스타일의 또 다른 특징이기도 하다.

⑥ 가든파티 : 가든파티, 즉 원유회(園遊會)는 티 파티를 정원으로 옮긴 것이라고 생각해도 무방하다.

- 계절은 되도록 봄이나 가을이 적합하다. 그러나, 여름이라도 해가 진 이후라면 무방하다.
- 정원의 여기저기에 둥근 식탁을 놓고, 거기에다 뷔페 스타일의

음식을 놓는다.

- 그리고, 레코드 등을 틀어서 음악에 맞춰 댄스하거나 하면 흥
  겹다.

초대를 받았을 때의 에티켓

1. 초대장을 받았을 때

① 어떤 경우의 연회나 파티라도 초대장을 받으면 전화나 우편으로
   그 참석 여부를 알린다.
② 초대장의 답장은 되도록 빨리 낸다. 사정이 있어 빨리 회신(回信)
   하지 못했을 경우에는 그 당일에라도 전화로써 알린다.
③ 참석하지 못할 경우에는 정중히 사과한다.
④ 참석 여부는 분명히 밝힌다. "형편을 보아서 참석하겠습니다."라
   든지 "참석 하게 될지도 모르겠습니다."라고 하면 더 혼란만 주게
   된다.
⑤ 불참석하겠다고 통지해 놓고 갑자기 형편이 급변하여 참석하게 될
   경우에는 적절한 방법으로 주최 측의 양해를 구해야 된다.

2. 옷차림

오늘날은 연회나 파티에 참석하게 되는 경우가 자주 있다. 특별히 비싼 옷을 따로 준비한다는 것은 경제적으로 쉬운 일이 아니다. 그래서, 연회나 파티 때마다 다른 사람의 옷을 빌려 입게도 된다.

그러나, 남의 옷을 빌려 입는 일은 아무래도 뒷맛이 개운치 않다. 그러므로, '알뜰 살림'의 지혜를 짜서 한두 벌의 연회용 및 파티용 의상을 갖추면 좋겠다.

① 약식(略式) 파티라면 부드러운 실크 원피스나, 또는 슈트에 흰 블라우스 정도로서도 무난하다. 그리고, 가슴에 조화(造花) 한 송이쯤 꽂으면, 약식이기는 하나 훌륭한 예장(禮裝)이 된다.

② 최근에는 크리스마스 파티 등 여러 가지 파티에 아프터눈 드레스나 칵테일 드레스를 입고 참석하는 일이 유행화(流行化)하고 있다.

③ 그러나, 정식(定式) 야회(夜會)라면 이브닝드레스를 입어야 한다.

④ 모자는 써도, 안 써도 그만이다. 그러나, 베레(beret)만은 피하도록.

⑤ 이브닝드레스에 모자는 쓰지 않지만, 아주 작은 이브닝해트 라면 무방하다.

⑥ 구두는 중(中)힐이나 하이힐을 신어야 된다. 그리고, 이브닝드레스에는 금색·은색·흑색·백색의 힐을 신는 것이 원칙이다.

⑦ 최근에는 한복(韓服)을 입는 여성들이 부쩍 늘고 있다. 그 디자인이나 색깔은 날로 새롭고도 현대적으로 개량되고 있으므로, 한복의 우아함을 살리는 일도 좋을 것이다.

⑧ 너무 짙은 화장은 회장(會場)의 분위기에 따라서는 오히려 그로테스(grotesque)하게 보일 수 있으므로, 화장은 적당하게 하도록.

⑨ 이브닝드레스를 입을 경우에는 노출되는 부분〔예컨대, 겨드랑이〕의 털은 없애도록 한다.

⑩ 남성 앞에서 콤팩트를 꺼내 드는 것은 금물이다. 화장을 고칠 때에는 남의 눈에 띄지 않는 화장실 등을 이용한다.

⑪ 속옷에는 오드콜로뉴를 바르고, 겉옷에는 향수를 뿌린다. 그러나, 너무 짙은 향수 냄새는 오히려 그 여성의 품위를 떨어뜨린다.

3. 손님으로서의 에티켓

① 연회나 파티 시간은 반드시 지킨다. 그런데, 지정된 시간보다 10분쯤 전에 도착하는 것이 손님으로서의 첫 번째 에티켓이다.

② 지각하는 것은 실례이지만, 그렇다고 너무 일찍 도착하여 서성거리는 것도 실례이다.

> **☺ 백일(百日) 초대받았을 때**
>
> 애기의 백일〔또는 돌〕에 특별히 초대받았을 때에는 시간을 어기지 말고 꼭 참석하는 것이 에티켓이다. 그 애기를 위한 인생에서의 첫 초대이기 때문이다.
>
> 그리고, 애기를 위한 백일 축하인 만큼 어른들끼리 떠들고 부산을 떠는 것은 진정한 뜻이 없다. 그러므로, 애기에 대한 장래의 이야기, 또는 출산 때의 이야기 등을 조용하면서도 다정하게 함으로써 귀여운 애기를 진정으로 축복해 주어야 한다.
>
> 또, 선물은 애기가 앞으로 쓸 수 있는 물건으로 하는 것이 좋으며, 너무 비싼 고급품보다는 값이 싸더라도 깨끗하고 정성이 깃 들인 것이면 그것으로 좋다.

③ 대기실에 먼저 온 손님이 있으면 인사를 나누고 가벼운 담소를
한다.

④ 연회석(宴會席) 등에 먼저 가 앉으면 안 된다. 주인이 다 함께 앉기
를 권할 때 앉는다.

⑤ 자리를 정하는 것은 주인이 할 일이므로, 아무 자리에나 불쑥 앉는
것은 실례가 된다. 그러나, 네임 카드가 놓여 있다면 그 자리에 가
서 앉으면 된다.

⑥ 오퍼 암의 경우든 아니든 의자를 뒤로 당겨 주는 일은 남성의 소관
이므로, 여성 혼자서 의자를 당겨 앉지는 말도록.

⑦ 식사 중에 지켜야 할 사항에 관해서는 '6. 즐거운 식탁에서의 매
너'를 참고로 한다.

⑧ 주빈(主賓)은 그 연회의 리더 격(格)이므로, 그가 냅킨을 펴기 전에
냅킨을 펴면 실례가 된다.

⑨ 여성이라도 첫잔을 건배(乾杯)할 때에는 포도주 정도라도 따라서
함께 '건배!' 한다. 그리고, 마시는 시늉이라도 한다.

⑩ 남성에게 술을 따라 주는 일은 삼가도록. 이것은 정숙한 여성이 할
일이 아니다.

⑪ 식사 중 대화 할 때에는 반드시 나이프와 포크의 움직임을 중지해
야 된다. 그리고, 음식을 다 삼킨 후에 이야기하도록.

⑫ 어떤 한 사람, 특히 한 이성하고 만 속삭이지 말 것.

⑬ 파티가 끝나면 메뉴 카드와 네임 카드를 기념으로서 가지고 돌아
가는 것이 에티켓으로 되어 있다.

☜ **식사의 에티켓**

❶ 식사 전에는 손을 깨끗이 씻고, 특히 머리 손질을 단정히 한다. 그리고, 마주앉은 사람과는 다정한 눈길을 주며, 가끔 즐거운 대화를 나누는 것도 좋다.

❷ 식사할 때에는 씹는 소리가 나지 않게 입을 다물고 씹을 것이며, 또 수저 소리, 그릇 부딪치는 소리가 나지 않도록 한다.

❸ 반찬을 집었다가 놓는다든지, 한참 생각하다가 반찬을 집는다든지 하는 일은 삼가야 한다.

❹ 뼈나 가시는 개인의 접시 끝에 놓든지 하며, 부득이 뱉은 음식이나 머리카락 등은 남의 눈에 띄지 않게 처리한다.

❺ 상에 놓인 음식은 골고루 먹도록 하며, 맛있는 것만 골라 먹는 것은 에티켓에 어긋난다.

❻ 음식은 반 입 정도로 집어서 입을 너무 크게 벌리지 말고 먹도록 하며, 혀를 내민다든지, 이를 드러내지 않도록 한다.

❼ 간장이나 후추 등이 앞에 없을 때에는 팔을 죽 벋어 그것을 가져 오는 것은 삼가고, "미안합니다만 좀 돌려주세요. 고맙습니다."하여 그것을 받는다.

❽ 식탁에서는 되도록 유쾌한 이야기를 할 것이며, 정치 이야기와 같이 심각한 화제는 삼가는 것이 좋다. 그리고, 음식을 다 삼킨 후에 말하도록 한다.

❾ 공동으로 먹는 음식이 있을 경우에는 거기에 있는 공동 수저로써 조금씩 덜어서 먹는다.

❿ 국이나 국수 같은 것을 다 먹지 못하겠으면, 그것을 먹기 전에 미리 덜어 놓는 것이 좋다.

⓫ 잘못하여 바닥에 떨어뜨린 수저 등은 다른 것으로 바꾸어서 쓴다.

⓬ 식사 도중에 재채기나 트림·하품 등이 나면 입을 손으로 가리든지, 약간 돌아앉아서 하고 옆 사람에게는 미안하다는 표시를 한다. 그리고, 화장실에 갈 때에는 슬그머니 가도록 한다.

⓭ 식사는 되도록 다른 사람과 동시에 시작하고 끝내는 것이 에티켓이다. 다른 사람보다 빨리 식사를 끝내거나, 너무 늦지 않도록 조절하는 요령도 있어야 한다.

8장

정성어린 선물의 에티켓

선물을 주고
받는다는 것은 참으로 즐겁고 아름

다운 일이다. 그 중에서도 선물을 준다는 것은 보다 값

진 일인 것이다. 그러기에, 프랑스의 소설가인 프랑스

(France, Anatole)은 "이 세상의 참다운 행복은 물건을 받는 것

이 아니라 물건을 주는 데에 있다."라고 하였다.

그러나, 세익스피어(Shakespear, William)는 "고귀한 마음의 사람

에게 있어서는 값진 선물도 보내온 사람이 친절치 못하다는 것을 알

면 하잘것없는 것이 되고 만다."라고 하였다. 이 말은, 선물을 주고

받는 일도 좋지만, 그 선물에 정(情)이 담기지 않으면 별것 아니

라는 뜻일 것이다.

그러므로, 우리는 선물 그 물건 자체의 가격이나 고급

(高級) 여하보다는, 그 속에 담긴 '인간의 마음'

을 더 귀하게 여기는 눈〔目〕을 가져야

겠다.

선물 선택의 기본요령

① 가장 중요한 일은 상대방과 자기와의 관계이다. 자기의 스승인가 친구인가 선배인가 등을 염두에 두지 않고 선택하면 엉뚱한 물건을 고르는 수가 많다.

② 그리고, 남성·여성의 구별, 윗사람·아랫사람의 구별도 분명히 해야 된다. 여성에게 라이터를 선물한다면 따귀라도 얻어맞을 것이며, 할아버지에게 야구방망이를 선물한다면 몽둥이 세례일 것은 뻔한 일이다.

③ 상대방의 교양·취미 등을 사전에 체크해 두는 것도 요령이다. 음악 감상이 취미인 사람에게는 새로 나온 CD를 선물한다면 아주 기뻐할 것이다.

④ 요즘은 지방 특산물(特産物)이 선물로서는 인기가 있다. 누구에게 주어도 무난하며, 받는 사람 또한 고향의 맛을 느끼게 되어 좋다.

⑤ 선물을 받는 사람은 그 선물에 대해 호기심을 갖는 법이다.

⑥ 여성으로서 상대방의 속옷 등을 선물하는 것은 좋지 않다. 아주 가까운 친척이나 동성(同性)의 친구 외에는 피하는 것이 좋다.

⑦ 혼례 때 보내는 선물은 '쌍(雙)'으로 된 물건을 선택한다. '홀'으로 된 것, 짝짝이 떨어지게 된 것은 피한다.

⑧ 가장 신경을 써야 할 일은 자기의 경제력이다. 박봉인 직장 사람이 옛 은사에게 고급 양복을 선물한다면, 그 은사는 고맙기에 앞서 어리둥절해지고 걱정이 될 것이다. 비싸다고 하여 반드시 훌륭한 선물이 되는 것은 절대로 아님을 거듭 명심하자.

여러 경우의 선물

1. 경사(慶事) 때의 선물

● 결혼 축하 선물

① 남성에게 보내는 선물 : 속옷 등은 금물이다. 그리고, 무슨 '뜻이 담긴' 듯한 물건도 피한다. 대체로, 서류가방 · 만년필 · 담배케이스 · 지갑 등 남성이 가볍게 생각하고 쓸 수 있는 것이 무난하다.

② 여성에게 보내는 선물 : 특수한 고급품보다는 결혼 생활의 실용 면에서 선택하면 좋다. 또, 신혼여행에서 사용할 수 있는 가벼운 것이라도 좋다. 대체로, 핸드폰 · 머플러 · 스타킹세트 · 액세서리 등

이면 무난하다.

③ 부부에게 보내는 선물 : 살림 도구를 선물하는 일이 많다. 그러나, 이것은 자칫하면 중복되는 수가 많으므로, 아이디어를 발휘하는 것이 좋다. 예컨대, '가정 백과'나 '육아 전서' 같은 책, 꽃병 · 도어벨 · 편지꽂이 · 전화받침대 · 신문꽂이 · 침실용 액세서리 · 가정 상비약세트 · 가계부 등과 같이 다른 사람이 쉽게 생각할 수 없는 물건을 선물한다면, 그 부부는 당신의 아이디어와 세심한 정성에 탄복하게 될 것이다.

● 입학 축하 선물

인생에서의 새로운 출발을 축하하는 선물이므로, 보다 뜻 깊어야 한다. 그러나, 주의할 점은 어린아이들에게는 허영심을 주는 물건은 피하고, 반드시 국산품(國産品)을 택할 일이다.

대체로, 학생용가방 · 만년필세트 · 각종 사전 · 지갑 · 시계 · 연필깎기 · 필통 · 앨범 · 일기장 · 저금통 · 전기스탠드 등이면 무난하다. 그러나, 감명 깊게 읽을 수 있는 교양서적이라면 더욱 값진 일이 될 것이다.

● 졸업 축하 선물

사회에 첫발을 내딛는 졸업이라면 되도록 실용적인 것이 좋다. 사회인으로 당장 필요한 것을 선물하되, 이 또한 고급품은 피하는 것이 좋다.

대체로, 남녀 공히 구두 · 기성복 · 시계 · 만년필 · 핸드백 · 지갑 · 라이터 · 기초 화장품세트 · 손수건 · 양말(스타킹) 등이면 무난하다.

● **영전(榮轉) · 진급(進級) 축하 선물**

이 경우에는 대체로 남성에게 해당되는 사회적인 일이므로, 되도록 공적(公的)인 뉘앙스가 풍기는 물건이 좋다. 부인이 있는 남성에게 미혼 여성이 옷가지 등을 선물하는 것은 그 주부를 불쾌하게 만드는 일이 된다. 그러므로, 그 사람의 사회적 입장 또는 자기와의 교제 정도 등을 고려하여야 된다.

대체로, 양주세트 · 실내 장식품 · 케익 등이면 무난하다.

● **신축(新築) · 개축(改築) 및 이사한 때의 선물**

이것은 실생활 중에서도 주생활(住生活)에 관한 일이므로, 가정용 생활용품이 무난하다. '집들이'에 초대받지 않더라도 정성 깃든 선물을 보내면 참으로 기쁠 것이다.

대체로, 도어벨 · 화병 · 명화(名畵) · 벽시계 · 벽거울 · 현관 매트 · 책꽂이 · 테이블 램프 · 화분 등이면 좋다. 그리고, 기념식수(植樹)라면 보다 뜻이 깊다.

> **산모(産母)에게 선물할 때**
>
> 산모에게 이로운 과일류나, 애기에게 소용되는 베이비복(服) · 애기용 담요, 그리고 육아책 · 앨범 · 육아 일기 · 꽃 등이 축하 선물로는 무난하다.
>
> 그러나, 특히 꽃을 직접 산실(産室)로 가지고 갈 때에는 자극이 심한 향기의 꽃은 피하는 것이 좋다. 또, 화분을 가지고 갈 때에는 되도록 쉽게 잘 자라는 종류를 선택하는 것이 좋으며, 꽃이든 화분이든 포장을 정성들여 깨끗이 하는 것이 에티켓이다.

● 출산(出産) 축하 선물

여성에게 있어서의 '출산'은 일생 중 가장 보람 있는 일이다. '어머니'가 되었다는 기쁨과 자랑은 실로 위대하기까지 한 것이다. 그러므로, 밝고 희망찬 느낌의 선물이 좋다.

이 경우에는 대체로 아기를 위한 것이 많다. 예컨대, 베이비용 의류·기저귀·턱받기·아기 담요·베이비 옷장·요람·보행기(步行器)·베이비용 변기 등이 대부분이다.

그러나, 아기 선물에만 치중하는 것도 나쁘지는 않으나, 그 아기를 낳느라고 고생한 산모를 위해 선물한다는 것도 흐뭇한 일이다. '육아 전서'라든지, 그 산모가 좋아하는 꽃 또는, 잠옷·스웨터·산모용 롱스커트·화장품세트 등을 선물하면, 그 산모는 당신의 따뜻한 배려를 두고두고 잊지 않을 것이다.

● 생일 축하 선물

생일 선물은 특별한 제약이 없으므로, 상대방의 취미나 상황 등을 고려하고, 이쪽의 개성을 살릴 수 있으면 좋다.

① 남성에게 보내는 선물 : 넥타이·와이셔츠·라이터·만년필·구두·벨드·스포츠 웨어·양말 등

② 여성에게 보내는 선물 : 화장품 케이스·콤팩트·스카프·액세서리·블라우스·스타킹·핸드백 등.

그러나, 이 생일 축하 선물 역시 아이디어를 살리는 것이 좋다. 예컨대, 음악회·영화 초대권이라든지, 감명 깊게 간직할 수 있는 시집(詩集) 또는 경제적인 여유가 있으면 여행 티켓 등도 개성적이어서 좋을 것이다.

● **수연(壽筵) 축하 선물**

이 경우는 60세 이상을 살아온 사람을 축하하는 선물이므로 신중을 기해야 된다. 즉, 육순·칠순이 되었다고 해서 너무 '노인' 취급의 선물은 삼가라는 것이다. 몸은 비록 늙었어도 마음만은 아직도 당신만큼이나 젊다는 기분을 잘 살려야 할 것이다.

예컨대, 갓 60이 넘은 분께 지팡이를 선물한다면, 그분은 속으로 노여워할 것이다. 그렇다고 화려한 티셔츠나 하이힐을 선물해도 놀리는 줄로 알기가 쉽다.

대체로, 부부 동반 여행(온천) 티켓·은수저·옷감, 아니면 맛있게 드실 수 있는 음식이나 토산품(土産品)이라면 무난하리라고 본다.

2. 애사(哀事) 때의 선물

● **상사(喪事) 때의 선물**

대체로 현금으로 대신하는 것이 실용적이어서 좋다. 장례 때에는 많은 비용이 들므로, 이때의 가장 현실적인 선물은 '돈'이다. 그러나, 돈으로 애도의 뜻을 표하는 것보다 다른 물건을 보내고 싶을 때에는 다음과 같은 것이 무난하다.

즉, 꽃다발(弔花)·양초·향 등인데, 재래식 풍습으로는 초상이 나면 가까운 친척이나 사돈집에서 팥죽을 보냈었다.

● **문병(問病) 때의 선물**

환자를 위해서는 꽃이나 과일 등이 무난하다. 그런데, 병에 걸린 사람은 물론이거니와 그를 간호하는 이의 수고로움을 생각하여 그에 알맞은 선물을 해도 환자는 기쁠 것이다. 즉, 부담 없이 읽을 수 있는 책이라든지 간호인이 먹을 수 있는 케익 등도 좋은 선물이다.

그런데, 꽃은 병원에서 사절하는 경우도 있고, 또 신경이 예민한 환자는 그 '꽃말'에 마음을 쓸 경우도 있으므로 '꽃말'을 참고로 하는 것이 좋겠다. 그리고, 향기가 자극적일 정도로 심한 꽃, 또 꽃가루가 날리는 꽃, 금방 시드는 꽃은 피하도록 한다.

> ☺ **꽃과 꽃말**
> - 개나리 – 소원 성취, 잃어버린 사랑
> - 국화 – 애정(紅), 진실(白), 엷은 사랑(黃)
> - 글라디오러스 – 밀회, 무장(武裝)
> - 금낭화 – 돌아오는 행운
> - 금어초(金魚草) – 행운이 옴
> - 나팔꽃 – 기쁨, 정애(情愛)
> - 다알리아 – 변심, 구애
> - 라일락 – 청춘의 환희, 무지(白)
> - 모란 – 장려(壯麗)
> - 무궁화 – 일편단심
> - 물망초(勿忘草) – 나를 잊지 말라, 진실한 사랑
> - 민들레 – 수수께끼
> - 백일홍 – 웅변, 사우(思友)
> - 백합 – 순결(白), 거짓(黃)
> - 베고니아 – 친구에 대한 증오, 친구의 친절
> - 수선(水仙) – 주의, 신비, 구애
> - 시크라멘 – 의심
> - 아네모네 – 견인(堅忍), 진실
> - 아마릴리스 – 자존심
> - 아스파라거스 – 불변
> - 아이리스 – 전언(傳言), 소식
> - 아카시아 – 순정, 우정
> - 월계수(月桂樹) – 명예, 승리
> - 작약 – 수줍음, 분노
> - 장미 – 애정의 고민(白), 열애(紅), 시드는 사랑(黃)
> - 채송화 – 가련, 천진난만
> - 튤립 – 명예 · 애정 · 고백(赤), 끊어질 사랑(黃)
> - 카네이션 – 쾌청 · 구애(紅), 경멸 · 거절(黃)
> - 간나 – 망상(妄想), 존경, 열애
> - 코스모스 – 사랑, 응종(應從)
> - 클로버 – 소원성취 · 행운(네 잎), 부지런함(赤)
> - 해당화(海棠花) – 사랑의 부담, 불구(不具)
> - 후리쟈 – 순정, 청향(淸香)
> - 히야신스 – 승부 · 슬픔, 애교(白)

● **재해(災害) 때의 선물**

화재나 수재 때는 시급을 요하므로 위로의 선물을 보내려면 제때에 속히 보내는 것이 좋다. 그리고, 당장에 필요한 물건을 보내되, 이럴 경우에는 경제적인 문제가 제일 우선이므로 '위로금'을 보내어도 좋다.

대체로, 음식물〔도시락 · 빵 · 라면 · 쌀 · 통조림〕, 의류〔스웨터 · 내의 · 양말 · 담요 · 수건〕, 일용품〔렌지 · 부엌살림 · 슬리퍼 · 세탁비누 · 칫솔 · 치약 · 휴지〕, 그리고 어린이를 위하여 공책 · 연필 · 과자 · 장난감 등을 보내어도 좋겠다.

그리고, 재해 때에는 물건도 좋지만, 노력(勞力) 또한 매우 아쉽게 된다. 그러므로, 직접 찾아가서 집안을 함께 정리해 주는 것도 뜻 깊은 위로의 선물이 될 수 있을 것이다.

〔3〕명절 때의 선물

추석이나 연말연시에 다정한 친구, 평소에 신세진 사람, 또는 윗사람께 간단한 선물을 하는 것은 '뇌물'이 아니다. 또, 이웃끼리 정겨운 선물을 주고받는 것은 '허례'가 아닌 미풍(美風)이다.

① 시기에 늦지 않도록 보낸다. 명절이 지난 후에 보내면 싱겁기 짝이 없으며, 또 자기가 받은 선물을 되돌려 주는 것도 같아서 입맛이 개운치 않게 된다.

② 가급적 빠를수록 좋다. 명절 때의 선물은 대체로 비슷비슷하기 때문에 중복되는 수가 많다. 또, 선물이란 제일 먼저 받은 것이 인상 깊게 남는 것이므로 빨리 보내는 것이 좋다. 그렇다고 1개월 전쯤

에 보내는 것도 우습고, 그저 1주일 내외 정도에 보내면 무난할 것
이다.

③ 매년 같은 품목을 보내는 것도 하나의 아이디어이다. 나에게는 매
년 추석 때마다 설탕 한 부대씩을 꼭꼭 보내오는 후배가 있다. 아마
도 내가 그의 취직을 도와준 것이 까닭인 듯한데, 아무튼 그 후배와
그 선물은 내 인상에서 지워지지 않는 일 중의 하나가 되었다.

④ 되도록 명절에 직접 필요한 물건을 보낸다. 만년필이나 라이터… 이
런 것보다는, 이웃이나 친척간이라면 생선 말린 것 · 갈비 · 설탕 ·

술 · 조미료 등도 좋고, 윗사람께는 옷감 · 양말 · 구두 등도 좋다.

⑤ 직장으로 보내는 선물이라면 상품 교환권이나 부피가 작은 것으로 한다. 회사 사무실에 술병이나 과일박스 등을 보내는 일은 좀 생각해 볼 문제이다. 집으로 운반하기도 고역일뿐더러, 다른 직원들 눈에는 '뇌물' 처럼 보일지도 모를 일이다.

⑥ 계절에 맞는 지방 특산품이나 토산품이라면 더욱 좋다. 감 · 대추 · 밤 · 멸치 등도 좋고, 그 외의 것도 무난하다.

4. 사랑의 선물

"연애를 할 때에, 그이에게 선물을 보낼 날짜를 미리 정하였더라도, 그 날짜 되기 전에 주지 않고는 못 배긴다."라는 르나르(Renard, Jules)의 말과 같이, 사랑의 선물은 '주지 않고는 못 배기는 것' 이어야 한다. 그저 선물만 자꾸 주면 사랑의 표현이 되는 것도 아니요, 값진 선물이라고 해서 그 사랑이 불붙는 것도 아니다.

① '꽃' 은 사랑의 선물로서 적합한 것이다. 그러나, 꽃들마다에는 그 '꽃말' 이 있으므로, '꽃과 꽃말' 에 유의해서 주어야 좋겠다.

② 아무리 가까운 사이라도 여성은 남성에게 속옷 등은 주지 않는 것이 원칙이다. 남성 팬티 등을 주는 일은 부부간에서나 할 일이다.

③ '손수건' 은 '이별' 을 뜻하므로 삼가도록.

④ 책을 선물로 줄 때에는 상대 이성의 지식 정도를 염두에 두어야 한다. 대학 졸업자인 그이에게 저속한 연애소설을 주는 것은 상대를

깔보는 일이 된다. 또, 영어에 약한 이성에게 어려운 영어 원문 소설을 건네는 것은 그이를 비웃는 일로 오해되기 쉽다.

⑤ 당신이 좋아하는, 갖고 싶어 하는 물건이라고 해서 상대 이성도 반드시 그런 것은 아니다. 그 사람의 취미 · 교양, 교육 정도 · 처지 · 직업 등을 미리 체크해 두는 것이 좋다.

⑥ 넥타이 · 양말 등을 선사할 때에는 제아무리 사랑이 불붙는다 해도 지나치게 강렬한 색깔은 피하는 것이 좋다. 오래도록 싫증이 나지 않는 색깔이 좋다.

⑦ 향수 선물은 금물이다. 그 사람의 몸에서 냄새가 난다는 뜻이 되므로, 향수 선물은 삼간다.

⑧ 여성의 지나친 고급 선물은 남성이 부담을 느낀다. 왜냐하면, 남성이 답례 선물을 할 때 경제적인 부담을 느낄 수도 있기 때문이다.

⑨ 아주 가까운 사이라면 ‘무엇이 좋겠느냐’고 묻는 것도 현명한 일이다. 필요한 물건, 갖고 싶은 물건을 선물 받으면 보다 기쁘다.

선물을 보내는 방법

1. 선물 보내는 시기

선물을 보내는 시기는 선물 고르기만큼이나 중요하다. 너무 빨리 보내도 어색하고, 그렇다고 너무 늦게 보내면 의미가 약해진다.

선물 보내는 시기는 대체로 다음에 준하면 무난하다.

① 새해 선물 : 정초. 1월 1일부터 7일 이내

② 생일 선물 : 당일이나 2 · 3일 전

③ 졸업 선물 : 졸업식 전후

④ 결혼 축하 선물 : 결혼식 1주일 전

⑤ 출산 선물 : 1주일 이내

⑥ 장례 부조 : 발상 당일부터 장례식 당일까지

⑦ 크리스마스 선물 : 산타클로스가 온다는 12월 24일

2. 물품의 수효

선물의 수효가 무슨 상관이냐고 하겠지만, 서양에서는 13이라는 숫자를 싫어하고, 일본에서는 경사(慶事) 때 짝수를 쓰지 않으며, 우리나라에서는 4를 싫어하는 경향이 아직도 농후하다.

그러므로, 가급적이면 이런 수효의 물품을 애써 보낼 필요는 없다. 그리고, 다음과 같은 사항에도 유의하면 무난하리라고 생각된다.

① 1이라는 수효는 경사 때든 보통 때든 피하는 것이 좋다.

② 2라는 수효는 경사 때든 보통 때든 가장 흔히 쓰는 수이다.

③ 13은 서양에서 피하는 수이지만, 우리도 되도록 피하는 것이 좋다.

④ 양말 · 버선 · 베갯잇 · 손수건 같은 것은 우리나라 식으로 10벌을 한 '죽' 으로 하여, 몇 죽으로 보낸다.

⑤ 과일은 '접' 으로 친다. 한 접은 100개이므로, 한 접 또는 반접으로 쳐서 보낸다.

⑥ 결혼 축하 선물의 그릇 · 수저 같은 것은 반드시 짝수로 보낸다.

3. 포장(包裝)하는 법

선물의 내용이 제아무리 좋아도 그 포장이 깨끗하고 정성껏 되어 있지 않으면, 받는 사람은 뒷맛이 개운치 않은 법이다. 그래서, 오늘날에는 '포장' 만을 전문으로 해 주는 '포장 센터' 가 등장하기도 하였다.

그러므로, 다음의 사항들에 유의하면 선물이 보다 값지고 정성이 깃든 것으로 보인다.

① 생선은 상자나 큰 접시에 담되, 생선의 등이 뒤편으로 가게 한다. 즉, 머리가 왼쪽으로 오게 한다. 또, 두 마리를 담을 때에는 두 마리 모두 머리가 왼쪽으로 가게 포개어 놓는다.

② 닭이나 꿩을 털이 있는 채 보낼 때에는 푸른 나뭇잎을 깐 바구니에 담는다. 그리고, 머리는 위로 하여 왼쪽을 향하게 한다.

③ 과일 · 채소는 흙을 털어 깨끗이 하지만, 송이(松?)는 그대로 두어

야 한다. 깨끗한 종이를 편 바구니에 탐스럽게 담아서 포장한다.

④ 꽃은 물 먹인 탈지면으로 자른 곳을 싸고, 그 위를 은종이로 싼다. 그리고, 다시 파라핀이나 포장지로 싼 후 리본을 맨다.

⑤ 경사 때나 보통 때에는 빨강·핑크·하늘색 리본을 매지만, 상사(喪事) 때에는 반드시 검정색만을 쓴다.

⑥ 상사 때에 보내는 물건의 포장지는 두 겹을 쓰지 않고 홑겹으로 한다.

⑦ 포장이 끝나면 그 위에 글씨를 쓴다.

일반적으로 '속으로부터 우러나온 자그마한 마음을 나타낸 적은 물건'이란 뜻에서 '寸地(촌지)'라고 쓰기도 하는데, 경우에 따라 다음과 같이 쓰면 무난하다.

- 보통 때 — 진정(進呈), 드림
- 새해 때 — 근하신년(謹賀新年)
- 세모 때 — 세찬(歲饌)
- 경사 때 — 축(祝)
- 혼례 때 — 축(祝) 화혼(華婚)
- 상례 때 — 부의(賻儀)
- 사례 때 — 박사(薄謝), 사례(謝禮)
- 전별 때 — 전별(餞別), 기념품

9장

우아한 사교댄스

사교댄스(social dance)란

매혹적인 리듬, 우아한 복장, 그리고 나비같이 춤추는 모습을 보면 누구나 댄스에 대한 선망을 느끼게 된다. 그러나, 사교댄스를 익히는 데 쑥스럽다든지 어렵다고 생각하여 포기하는 수가 많다. 하지만, 사교적(社交的)인 댄스쯤 익히는 데에는 특별한 트레이닝이나 리듬의 훈련을 쌓을 필요는 없다. 일반적으로 우리들이 걷고 있는 걸음의 움직임이 바로 댄스의 기본적인 스텝이 될 수 있기 때문이다.

또한, 대개의 경우 아무리 음치라 하더라도 콧노래를 부르면서 흥을 돋울 때가 있게 마련이며, 바로 이것이 그대로 댄스의 리듬이 되는 것이다. 그리고, 가벼운 장단이나 리듬에 맞추어 몸을 조금씩 흔들거나, 이와 함께 발이나 손을 리듬과 같이 움직일 수는 있을 것이다.

이와 같은 것만으로도 댄스를 익히기에 필요한 기초적인 지식을 갖추고 있다고 할 수 있으며, 좀 더 알기 쉽게 말한다면 우리들이 매일같이 생활하며 움직이는 가운데에는 댄스의 기본 요소가 포함되어 있다고 해도 지나친 말은 아닐 것이다.

여기에서 설명하고자 하는 사교댄스(social dance)는 민속 무용이나 무도회의 무용, 또는 조명을 받으며 무대에서 춤추는 스테이지 댄스가 아니므로, 특별한 의상을 갖출 필요도 없고, 그저 가벼운 음악과 춤추기에 적당한 장소와 파트너만 있으면 된다.

사교댄스란, 오랜 옛날부터 전해 오는 사교적인 예의나 교제를 목적으로 하여, 여기에 약간의 오락성을 겸하여 다듬어진 댄스이다. 그런데, 이에는 크게 소셜 댄스(사교댄스)와 볼룸 댄스(ballroon dance)가 있다.

소셜 댄스라 함은 일반적이고 사교적인 목적으로 가볍게 즐기는 보통의 댄스, 즉 예의적인 댄스를 말하며, 볼룸 댄스라 함은 사교댄스의 기술을 고도화시킨 것으로, 댄스 경연 대회나 모범 연기로 연출하는 특별한 연출 댄스, 또는 무도회의 댄스를 말한다. 그러나, 어느 것이든 기본적인 방법은 모두가 소셜 댄스에 근원을 두고 있다.

댄스를 배우려면

1. 마음보다는 몸으로

댄스를 배우려면 머리로 생각하여 알고만 있기보다는 몸으로 익혀야 된다. 발이나 몸의 움직임을 마음속으로 생각하고만 있으면, 아무리 춤을 추려 해도 몸이 뜻대로 움직여 주지는 않는다.

댄스를 배울 때 무엇보다 우선 필요한 것은 리듬에 따라서 몸의 움직임이 자연스럽게 일체가 되도록 해야 하며, 이렇게 되기 위해서는 처음부터 음악을 들으면서 몸이 리드미컬하게 움직여지도록 실제로 연습해야 한다.

2. 부끄러운 생각은 떨쳐버리고

처음으로 댄스를 배울 때는 멋지고 훌륭하게 춤추어 보고 싶은 생각과는 달리 몸이 마음대로 움직여지지 않아서 비틀거리며, 서툴게 춤추는 자기의 모습을 다른 사람이 보면 어쩌나 하고 부끄러운 생각이 앞서서 낯을 붉히게도 된다. 그러나, 이래서는 댄스를 익힐 수 없다.

이럴 때에는 혼자서 거울을 보며 기본적인 스텝 정도를 익히는 것도 한 방법일 수 있겠다. 그러나, 사교댄스는 다른 춤과는 달라서 반드시 파트너가 있게 마련이므로, 혼자서 연습하는 것은 아주 초보적인 것에 한하고, 곧 파드니와 힘께 익히도록 힌다. 파트너와의 호흡을 허밍 해 맞추는 법을 알도록 해야 비로소 산 공부가 된다.

초보자가 알아둘 일

1. 어떤 종류부터 시작할까

모든 분야에서 배울 때에 순서가 있듯이 댄스에도 여러 종목이 있기 때문에 어느 것부터 먼저 배우면 좋을까 하고 망설여지게 된다.

그러나, 비교적 템포가 느린 블루스나 왈츠부터 시작하는 것이 무난하다. 그리고, 왈츠는 다른 댄스에 비해 비교적 넓은 장소를 필요로 하기 때문에 블루스부터 익히기 시작하는 것이 좋다. 블루스부터 익혀나가되, 동작이 느려지기 쉬운 습관이 붙지 않도록 하기 위하여 왈츠나 그외의 다른 종목도 이어서 익히는 것이 바람직하다.

2. 무릎의 굴신 운동을 중요하게

다리를 편 채 무뚝뚝한 표정으로 춤을 추면 볼품없는 댄스가 된다. 게다가 블루스와 같은 느린 템포의 춤부터 시작하게 되면 전신의 텐션(근육의 긴장감)이 무감각하게 되어 동작이 완만해지기가 쉽다.

댄스는 다리나 발만의 움직임만으로 이루어지는 것은 아니다. 머리, 팔, 허리, 몸통이 발과 똑같이 몸 전체가 밸런스를 잘 맞춰 움직여 나가야 되는 것이다. 그러기 위해서는 무릎과 굴신 운동을 충분히 연습하여 풋워크(foot work)와 밸런스가 잘 맞는 동작이 되도록 해야 한다.

3. 먼저 스텝을 기억해 둔다

파트너와 춤추기 전에 발자국 디디는 스텝을 어느 정도 습득했으면, 그 스텝을 완전히 외웠다고 생각할 때까지 음악에 맞추고 리듬에 따라서 스텝을 밟는 연습을 충분히 하도록 한다. 음악 없는 댄스는 없으므로 음악에 익숙한 스텝이 되도록 해야 한다.

4. 파트너를 선택할 때

스텝을 완전히 마스터하게 되면 파트너를 찾아서 연습하는 것이 좋다. 동작이 완전히 몸에 익혀졌다 해도 상대방에 따라 회전 속도와 보폭이 달라지기 때문에 기억한 대로 스무드하게 스텝을 밟을 수 없거니와, 흔히 혼자서 춤추었을 때보다도 파트너와 짝을 맞추어 춤출 때에는 전체적으로 움직여지는 모양이 달라지는 느낌을 받는 것은 당연한 일이다. 그러므로, 이런 때에는 가급적 친밀한 사람이거나 나이 차이가 있는 파트너를 선택하는 것이 무난하다. 또, 이성(理性) 파트너가 그래도 아직까시는 쑥스러우면 동싱(同性) 파드니와 충분히 언습히는 것도 좋다.

5. 밸런스와 리듬

댄스는 체조 경기의 평균대나 마루운동과 같이 몸의 밸런스 유지가 가장 중요한 포인트이다. 아무리 올바른 스텝을 밟더라도 몸의 전체적인 균형이나 밸런스가 잡혀 있지 않으면 누가 보아도 아름답지는 않다. 스텝의 정확함과 밸런스의 아름다움이 하나로 조화되어야 우아한 댄스의 테크닉이 이루어지는 것이다.

예를 들면, 왼쪽 발에 중심을 둠과 동시에 오른쪽 어깨와 허리를 수직으로 하여 왼쪽으로 회전하도록 한다. 이때 발만이 앞으로 먼저 나가거나, 허리가 먼저 회전하거나 하면 밸런스가 흩어져 보기 좋은 댄스가 되지 않는다. 리듬에 따라 발과 몸이 같은 밸런스로 잘 움직여지도록 하기 위해서는 입으로 리듬을 세면서 발과 함께 몸을 움직이는 연습을 반복해야 한다.

또한, 몸을 움직일 때에는 이동시킨 발에 재빠르게 몸의 중심을 이동시키는 일이 아름답게 춤추기 위한 방법이지만, 어디까지나 몸 전체가 스무드하게 움직여지도록 마음을 쓰는 것이 중요하다.

6. 댄스의 진행 방향

특별한 장소를 제외하고 댄스는 한 방에서 여러 사람들이 각각 한 쌍이 되어 춤을 추게 된다. 그러므로, 방이 아무리 넓더라도 서로 부딪치는 등 혼란이 빚어지게 된다. 그래서, 댄스에서는 미리부터 진행 방향을 정하여 춤출 때에는 이것을 서로 지키도록 되어 있다.

댄스의 진행 방향은 시계바늘이 돌아가는 방향과는 반대 방향, 즉 평면의 위에서 볼 때에는 앞으로 나아가 왼쪽으로 위쪽으로 돌아가는 것이다. 이것을 댄스 용어로 LOD(line of dance)라고 한다. 그런데, 이 LOD는 방의 벽면과 평행으로 되게 하여 가상적으로 만든 선이다.

댄스 할 때에는 이 선에 따라서 방안의 중앙을 향하여 진행해 나가거나 비스듬히 나가며, 언제나 왼쪽으로 회전해 스텝을 변화시켜 이동한다. 즉, 자기가 스타트하려는 위치로부터 벽면과 평행이 되게 자기의 진행 방향 선을 정하여, 어느 구석에 미처 이르기 전에 왼쪽 방향으로 회전하여 커브를 돌아가면 된다.

댄스의 에티켓

댄스는 주로 여럿이서 쌍쌍이 즐기는 것이므로 에티켓을 지키지 않으면 분위기를 해치기가 쉽다. 최소한의 예의는 갖추어야 사교(社交)로서의 참뜻이 있는 것이다.

1. 옷차림

정식 댄스파티인 경우, 여성은 이브닝드레스를, 남성은 연미복(燕尾服)을 입는다. 그러나, 약식(略式)인 경우, 여성은 아프터눈 드레스, 남성은 턱시도나 일반 신사복도 괜찮다.

카바레 등에서 요금을 내고 춤추는 경우라면 평상복도 괜찮다. 그러나, 역시 옷차림은 단정해야 하고, 깨끗해야 한다.

누구든지 자유로이 참가할 수 있는 야외 댄스파티일 경우, 여성은 블라우스에 스커트, 남성은 셔츠에 바지라도 괜찮다. 그리고, 여성은 굽이 낮은 구두를 신는 것이 안전하다.

공연장(公演場) 등에서의 박수

박수는 무턱대고 치기만 하면 좋은 것이 아니다. 박수를 쳐야 할 때, 치지 말아야 할 때를 분별해야 에티켓에 어긋나지 않는다.

음악회의 경우, 연주자나 교향악단의 지휘자가 무대에 등장하면 우선 박수로써 맞이하고, 한 곡의 연주가 끝날 때마다 박수를 친다. 그러나, 교향악·협주곡 등의 한 악장이 끝나고 잠시 쉴 때에는 박수를 치지 않는 것이 에티켓이다.

발레 공연일 경우에는, 특히 음악이 시작되고 무용수들이 춤을 출 때에는 박수를 치지 않는다. 무용수들은 음악에 맞춰 춤을 추는 것이므로, 박수를 치면 무용수들이 음악 소리를 듣지 못하게 되기 때문이다. 그러나, 음악이 잠시 끊긴 독무(獨舞)나 이인무(二人舞) 등 돋보이는 장면에서는 공연 도중에 박수를 보내는 것이 오히려 에티켓이 된다. 그러면, 무용수는 그 장면을 끝낸 후 답례 인사를 한 후 공연을 계속하게 된다.

강연의 경우, 연사가 등단하면 박수를 치고, 강연 도중이라도 공감이 가는 좋은 대목에서는 박수를 친다. 그리고, 강연이 끝나면 박수를 쳐서, 수고한 연사에 대한 최소한의 예의를 표한다.

특히 주의할 점은, 주로 음악회에서 앙코르(encore)를 원할 때 '앙코르!' 하며 크게 소리치는 것은 에티켓에 어긋난다. 그저 박수를 계속치기만 하면 그것이 바로 앙코르를 뜻하는 것이 된다.

2. 이성(異性)과 동반했을 때

정식 파티에서는 이성 파트너를 동반하는 것이 에티켓이다. 이때 최초의 곡(曲)과 마지막 곡은 이 파트너와 춤추어야 하는 것이 에티켓이다. 아니, 그보다 의무라고 하는 편이 옳다. 그러므로, 여성은 섣불리 다른 남성이 춤추기를 요청해도 이때만은 거절해야 된다.

3. 댄스를 신청하는 방법과 신청을 받았을 때

서로 이성끼리 춤추는 것이 댄스의 룰이다. 그러나, 어떤 이성과 춤추든지 그것은 자유이다. 하지만, 댄스홀에서 만의 에티켓이 있으므로, 그 에티켓을 무시하면서까지 자기가 춤추고 싶은 상대자와 춤추는 것은 허용되지 않는다.

① 남성이 여성에게 춤추기를 청하는 것이 올바른 에티켓이다. 따라서, 여성은 항상 피동적(被動的)이어야 한다.

② 여성이 남성에게 춤추기를 청하면 안 된다는 절대적인 까닭은 없지만, 이럴 때에는 자기의 파트너나 또는 제삼자를 통해서 신청하는 것이 에티켓이다.

③ 음악이 시작되면, 남성은 여성 앞으로 와서 '부탁합니다' 하고 가볍게 머리를 숙여 파트너가 되어 줄 것을 신청하는데, 이때 여성은 불쑥 일어서지 않는다. 상대 남성이 내 파트너에게 승낙을 얻은 후 그 남성이 내민 오른손에 자기의 왼손을 가볍게 얹도록 한다.

④ 파티의 주빈은 최초의 곡과 최후의 곡은 호스테스(여주인)에게 신
   청하는 것이 에티켓이므로, 이 두 곡만은 주빈이나 호스테스에게
   춤추기를 신청해서는 안 된다.

⑤ 같은 파티에서 같은 이성과 두 번 이상 춤추었다고 해서 에티켓 위
   반은 아니다. 그러나, 한 사람의 신청에 계속 응하는 것은 별로 좋
   지 않다.

⑥ 서로 인사가 없는 남성이 직접 신청할 때에는 가볍게 거절해도 상
   관없다.

⑦ 남성으로부터 춤추기를 신청받았을 때 특별한 이유가 없는 한 거
   절하는 것은 실례이다. 그리고, 남성이 여성으로부터 신청을 받았
   을 때 거절하는 것은 금물이다.

4. 댄스 신청을 거절하는 요령

여성의 에티켓으로서 가장 어려운 것은 댄스 신청을 거절하는 일이
다. 싫은데 억지로 춤추자니 곤혹스럽고, 그렇다고 무작정 거절하자니
용기가 안 나고 하여 당황할 때가 있다. 그러나, 거절하더라도 그 요령
을 터득하면 결코 에티켓에 어긋나지 않는다.

① 댄스 신청을 거절하기 위해서는 그럴 듯한 이유가 있어야 한다.
   '피곤해서……'라든지 '이 춤은 출 줄 몰라서……' 하는 등의 이유
   를 붙여야 한다.

② '피곤해서……'라는 이유를 붙여 춤추기를 거절했을 때에는, 그

곡이 끝날 때 까지는 절대로 다른 남성과 춤추어서는 안 된다.

③ '이 춤은 출 줄 몰라서……' 라는 이유를 붙여 거절했을 때에는, 그 날의 파티에서는 아무와도 그 춤을 추어서는 절대로 안 된다.

④ 가장 큰 실례는, 댄스 신청을 거절한 후 곧바로 다른 사람과 춤을 추는 일이다.

5. 춤추는 방법과 에티켓

① 춤출 때의 얼굴은, 부부나 애인끼리라면 서로 똑바로 맞보아도 좋지만, 그렇지 않은 사람과는 얼굴을 조금쯤 왼쪽이나 오른쪽으로 비끼도록 한다.

② 탱고의 리드는 반드시 남성이 한다. 그러므로, 여성은 춤을 잘 추지 못하는 남성과 출 때에도 남성의 한 발 한 발에 간섭해서는 안 된다.

③ 왈츠를 출 때, 여성의 왼손은 남성의 오른 어깨와 팔꿈치와의 중간쯤에 두고, 엄지손가락과 다른 네 손가락과의 사이에 가볍게 팔을 낀다. 그리고, 가슴은 싱대 남성에 가슴에 밀착시기지 말고 주먹 하나가 들어갈 만큼 뺀다.

④ 정식 댄스파티에서는 춤추고 있는 동안에 이야기를 해서는 안 된다. 춤이 끝나고 의자에 앉은 후 얘기하는 것이 에티켓이다.

⑤ 춤을 추면서 다른 한 쌍의 사람에게 얘기를 건네는 일은 삼가야 한다. 그러나, 고개를 숙여 가볍게 인사하는 정도라면 무방하다.

⑥ 파트너의 목에 팔을 돌리거나, 볼에나 뺨을 댄다거나, 허리나 히프
에 손을 대는 것은 큰 실례이다.

⑦ 잘못해서 파트너의 몸에 부딪쳤거나 발을 밟았을 때에는 '실례했
습니다.' 정도의 사과를 한다.

⑧ 음악이 끝나면 훌쩍 자리에 와 안지 말도록. 남성은 여성을 먼저
앉았던 자리까지 에스코트해 주고, '감사 했습니다' 정도의 인사
를 예의바르게 하도록 되어 있다.

⑨ 댄스하기 전에는 파 · 마늘 등 자극성 있는 음식은 피한다. 향수는
살짝 뿌려도 좋지만, 이것 역시 냄새가 너무 나면 곤란하다.

⑩ 댄스 교습소에서라면 동성(同性)과 춤추어도 무방하다. 그러나, 댄
스파티에서는 반드시 이성(異性)과 춤추어야 한다. 동성끼리 춤추
면 여성은 여염집 규수로 보이질 않고, 남성은 변태적으로 보이기
쉽다.

⑪ 플로어를 가로지르지 말 것. 댄스 홀 저쪽에 아는 사람이 있어 가
고 싶을 때에는 반드시 원을 따라 한 바퀴 돌아서 가야 한다.

10장

행복한 결혼의 에티켓

고대 그리스
의 철인(哲人) 소크라테
스(Socrates)는 "결혼하는 것이 좋은가. 안하는 것이
좋은가, 그 어느 쪽이든 너희는 후회할 것이다."라고 했지
만 프랑스의 사상가인 몽테뉴(Montaigne, Michel de)는 "좋
은 결혼이라는 것이 극히 적은 것은, 그것이 얼마나 귀중하고 위
대한 것인가 하는 증거이다."라고 하였다.

아무튼, 결혼이 우리 인생사(人生事) 중에서 가장 중대한 일임에는
틀림이 없다. '탄생'을 인생의 제1의 출발이라고 한다면, '결혼'은
인생의 제2의 출발이며, '죽음'에 이르기까지 우리 인생을 좌우하는
인간사(人間事)의 '꽃'이라 할 것이다. 그래서, 結婚(결혼)을 結魂
(결혼)'이라고 하지 않는가.

그러므로, 결혼하기 전부터 결혼하여 가정을 이루기까지의
생활에는 여러 문제가 등장하게 되는 것이고, 이에 올바
른 예절이 없을 수 없으니, 이를 잘 알고 지키는 것
이 바로 우리 인생을 아름답게 꽃피우는 길
이 아니겠는가.

프러포즈(propose)의 에티켓

젊은 남녀가 서로 연애하여 사랑이 무르익으면, 그 다음 과정은 구혼(求婚)하는 일, 즉 프러포즈를 하게 된다. 그런데, 이 프러포즈는 남성이 여성에게 먼저 하는 것이 떳떳한 일로 여겨져 왔으나, 오늘날에는 이런 고정 관념에서 벗어나 여성 측이 남성에게 프러포즈하는 일도 드문 일은 아니게 되었다.

그러므로, 여기에서는 남녀 불문하고 프러포즈할 때에 지켜야 될 예의(禮儀)에 관하여 일반적인 것을 들어 설명하기로 한다.

● 타이밍이 중요하다

'결혼=동등(同等)' 이다. 그런데, 남성이든 여성이든, 어느 한쪽은 사랑이 무르익어 결혼할 마음이 싹트는데, 상대방은 그렇지 못한다면, 이 때의 프러포즈는 일단 실패라고 해야 될 것이다.

상대방은 사랑은 하고 있지만, 아직도 결혼에 대하여 생각해 본 일도, 또 어떻게 대처해야 될지도 모르는, 말하자면 아무런 마음의 준비도 되어 있지 않은데 느닷없이 프러포즈를 받으면, 그는 당황하고 괴로워하다가, 자칫하면 '마음을 몰라주는 사람'이라는 원망을 하게 되기도 한다.

그러므로, 프러포즈할 때에는 상대방의 마음을 충분히 '읽은' 후에, 이제는 '프러포즈만이 남았다'고 생각될 때에 구혼하는 것이 실패하지 않는 지름길일 것이다.

● 자기의 처지를 솔직히 밝힌다.

여성이라면 재학 중(在學中)이라든지, 또는 직장 생활을 함으로써 가족을 부양한다든지 하는 등의 문제가 있을 것이고, 남성이라면 결혼하기 위한 경제력(經濟力) 등의 문제가 있을 것이다.

아무튼, 자기의 지금 처지로서는 결혼하기 위해 알맞지 않다고 생각될 때에는 그것들을 솔직히 밝히고, 후일(後日)을 기약한다든지, 또는 프러포즈를 사양해야 된다. 그렇지 않고, 자기의 처지를 너무 과대평가하거나 무책임하게 내세우면 실패하게 된다.

또, 자기 집안의 병력(病歷), 이를테면 할아버지가 환자였다든지, 자기가 첩의 자식이라든지 하는 등도 솔직히 밝히는 것이 옳은 일이다. '거짓'으로써는 결혼의 '좁은 문'이 열리지 않는다.

● 프러포즈하는 장소와 태도

대낮에 다방 한구석에 앉아서 프러포즈하는 일, 해수욕장의 모래밭에 앉아서 하는 프러포즈, 또는 중국 음식점에서 자장면을 먹으며 하는 프러포즈…… 이런 식은 모두가 낙제(落第)다. 또, 단둘이 보트를 타면서 하는 프러포즈는 일종의 '협박'이라고 해도 좋을 것이다. 프러포즈를 거절하면 ‘너 죽고 나 빠져 죽고…’ 하는 식이기 때문이라고 해도 무방할 것이다.

프러포즈하는 시간은 오전보다는, 하루 생활 중에 비교적 마음이 착 가라앉는 오후, 가급적이면 초저녁쯤이 좋다. 조용한 공원 벤치에 앉아서, 또는 오솔길이라도 거닐면서 자연스럽게 말을 꺼내야 된다.

‘자연스럽게’ 라는 것은 ‘능란하게’ 를 뜻하는 것이 아니다. 무르익은 사랑을 현실적으로 고백(告白)하는 데에 있어서 그 말이 청산유수(靑山流水)와 같다면 ‘프로’ 기질이 있는 듯하여, 상대방은 오히려 불쾌해질 것이다. ‘불붙는 사랑’ 의 고백은 자칫하면 격정적(激情的)이 되기가 쉬우며, 아니면 ‘반벙어리’ 이기가 일쑤이다.

그러므로, 이런 때일수록 더욱 마음을 침착하게 바로잡아서 진실·성실한 태도로 프러포즈해야 될 것이다. ‘진실’ 이 프러포즈의 가장 핵심임을 잊지 말자.

● 프러포즈는 부모의 승낙이 있어야 결실된다.

나를 낳아 이만큼 길러 주신 부모님의 가없는 은혜……한 쌍의 남녀가 서로 사랑하여 프러포즈를 받고 승낙했더라도, 그것은 어디까지나 두 사람만의 약속일뿐이다. 결혼이란, 두 남녀가 사랑하여 그저 가정을 꾸미면 그만인 일은 아니다. 양가(兩家)의 결합이 원만히 이루어지는 것이 ‘완전한 결혼’ 이다.

그러므로, 부모의 승낙을 얻어야 비로소 프러포즈가 완전히 성립했다고 할 수 있겠다. 상대방의 처지는 물론이거니와, 그 집안 사정 등도 소상히 말씀드려서 부모의 충분한 의사가 반영되어야 바람직하다.

맞선의 에티켓

'맞선'이란 결혼할 당사들이 서로 만나는 일인데, '맞선은 구식'이라고 외면해 버리는 경향도 있다. 그러나, '맞선'은 무시해 버릴 일만은 아니다.

"연애는 낭만이요, 결혼은 비즈니스다."라는 말도 있듯이, 연애를 '정신적'인 것이라고 한다면, 결혼은 '실제적(현실적)'인 것이라 할 수도 있다.

'사랑은 장님'이다. 한 쌍의 남녀가 서로 사랑하다 보면, '좋은 점'만 보이게 된다. 사랑은 장님이므로 단점은 보이지 않고, 상대방의 장점, 아름다운 점만 보이는 법이다. 그리고, 정(情)이 앞서므로 실제 결혼 생활에서의 남편·아내로서 갖추어야 할 사람 됨됨이를 소홀히 하기가 쉽다.

그러므로, 맞선을 보고, 그 후의 일들을 잘 처리하여 합의한다면 이 또한 바람직한 일이라고 하겠다.

● **맞선보는 시간과 장소**

맞선에는 중매인이 있게 마련이다. 요즘 성행하는 결혼상담소도 중매인이라 할 수 있다. "중매는 잘하면 술이 석 잔이고, 못하면 뺨이 세 대라."는 속담도 있지만, 아무튼 이 중매인이 나서는 것이 가장 자연스럽다.

그래서, 맞선보는 시간·장소는 이 중매인에게 일임하는 것이 좋다. 시간은 밤보다는 낮이 좋다. 밤에는 얼굴을 비롯해서 모든 것이 실물 이

상으로 보이기 쉬우므로 오후 2~3시경이 무난하다. 그리고, 장소는 중 매인의 집, 신부 후보의 집, 조용한 음식점 등이 좋다. 다방 같은 데서 보는 경우도 흔히 있으나, 여러 사람이 왔다 갔다 하여 소란한 곳보다는 조용하고 아늑한 곳이라면 좋다.

● 맞선볼 때의 옷차림

남성은 신사복이면 무난하며, 여성은 한복이든 양장이든 자기에게 잘 어울리는 옷차림이면 좋다. 남성이 티셔츠 차림으로 나온다든지 하면 '신사'로서 평가받기는 힘들게 된다. 또, 여성이 너무 호화로운 옷차림 을 한다면 허영심 강한 여자로 보일 우려도 있어 바람직하지 않다.

그리고, 맞선보는 당사자와 동행하는 사람(대체로 부모일 테지만)은 선보는 사람보다는 약간 더 검소·수수한 옷차림이 좋다. 아무래도 선 보는 당사자가 조금쯤은 더 돋보여야 좋을 것이다.

여성의 화장은 너무 짙지 않게 한다. 잘 보이려다 오히려 비뚤어져 보 이는 경우는 많다. 평소에 늘 해 오던 대로의 헤어스타일을 좀 더 깔끔

하게 매만지고, 자연스런 화장을 하는 것이 진실해 보인다. 그렇다고 해서 헤어스타일도 제멋대로, 화장도 전혀 하지 않으면 남성 측에 실례가 된다. 성의가 없어 보이기 때문이다. 아무튼, 현대적인 센스에 신선한 아름다움이 환영을 받는 법이다.

● 맞선 때의 비용 문제

맞선 때의 비용 문제는 다음의 세 가지로 생각해 볼 수 있다.

① 중매인의 집에서 맞선을 보는 경우 : 남성·여성 쌍방에서 약간 푸짐한 선물을 가지고 가서, 그것으로써 비용의 일부를 대신하는 것이 바람직하다. 중매인에게 모두 부담지우는 것도, 그렇다고 '얼마' 하는 식으로 현금을 건네는 것도 아름다운 일은 못 된다.

② 중매인을 통해 쌍방에서 시간·장소를 정했을 경우 : 중매인과 상의하여 전체의 비용을 남녀 측 각각 반씩을 부담하는 것이 무난하다. 그러나, 그 자리에서 현금을 꺼내 들지 말고, 하루 전쯤 중매인에게 건네어 그가 그날 지불하도록 한다. 특히 주의해야 될 점은, 남성 측이든 여성 측이든 '비용은 내가 다 내겠소' 하는 식은 피해야 한다는 것이다. 이런 일은 자칫하면 상대측을 깔보는 듯한 인상을 주기가 쉬운 것이다.

③ 신부 후보자의 집에서 맞선을 보는 경우 : 일체의 비용은 그 집에서 부담하는 것이 원칙이다. 그러나, 초대받은 측에서는 중매인과 상의하여 비용의 절반쯤에 해당하는 선물을 가지고 가면 좋을 것이다.

● **맞선볼 때 앉는 자리**

이때는 여성 측과 남성 측이 서로 마주보고 앉으며, 중매인이 사회자(司會者)의 입장이 되어 그 중간에 자리 잡는 것이 일반적인 예이다.

중매인의 집에서 맞선을 볼 경우에는 중매인 자리가 말석(末席)이 되겠지만, 그렇지 않을 경우(음식점 등)에는 중매인이 상석(上席)에 앉는 것이 예의이다.

중매인은 여성 측을 먼저 일일이 소개하고, 그 후에 남성 측을 여성 측에 소개하는 것이 일반적인 관례이다. 그러나, 현대식으로는 늦게 도착한 측을 먼저 소개해도 자연스럽다.

● **맞선보는 당사자의 태도와 대화**

너무 당돌하게 상대방을 쏘아보는 것도 좋지 않지만, 그렇다고 반쯤 돌아 앉아 시무룩하게 시선을 떨구고 있는 것도 현대적인 방식은 아니다. 서로 단정하게 앉아서 자연스럽게 미소 머금은 듯 정중하게 얘기를 건네는 것이 바람직한 에티켓이다.

첫 대면(對面)이므로 단번에 하고 싶은 말을 다하고, 무엇이든 다 듣고 알아버리겠다는 조급함은 금물이다. 또 다시 만날 수 있는지 없는지를 가늠하는 자리이므로, 우선 말은 적게 하고, 부모들끼리의 얘기에도 귀를 기울이면서 어디까지나 품위를 잃지 않도록 노력해야 될 것이다.

맞선 볼 때 여성이 남성에게 질문해서 좋지 않은 사항은,

① 수입(월급)은 얼마죠? 보너스는?

② 키는 몇이지요?

③ 담배는 하루에 얼마나 피우죠?

④ 술은?

⑤ 애인 있어요?

⑥ 미남이시니깐, 여자들한테 인기 있겠네요.

⑦ 언제 부장이 되죠?

⑧ 자가용은?

남성이 여성에게 질문해서는 좋지 않은 사항은,

① 바느질할 줄 아십니까?

② 요리는 잘하십니까?

③ 몸무게는?

④ 아직도 남자 친구가 없었습니까?

⑤ 무슨 색깔을 좋아하십니까?

⑥ 애기를 좋아하십니까?

⑦ 재산은 어느 정도?

대충 이런 질문만은 피하는 것이 에티켓이다.

● 상대방에게 실망했을 경우

맞선이고 뭐고 첫인상부터 아주 나빴더라도 실망하는 빛, 불쾌한 낌새를 보이지 않는 것 또한 중요한 에티켓이다. 얼굴이나 차림새가 마음에 들지 않는다고 속단할 것이 아니라, 적어도 맞선보는 그 자리, 그 시간만은 인내와 성실을 다하여 겪어 보는 것이 중요하다.

그래도 마음에 내키지 않을 때에는 뒤에 중매인을 통하여 거절하면 될 일이며, '그럼 이만 일어날 까요' 등의 말을 직접 해서는 안 된다. 이것은 어디까지나 '거절'의 의미가 되기 때문이다.

● 맞선 사진'의 교환

맞선을 보기에 앞서서 사진을 교환하는 일이 우리의 관습이다. 직접 만나기 전에 우선 사진부터 보아서, 맞선을 볼 것인지 아닌지를 정하는 '신중함' 또는 '상대방 존중'의 의미는 매우 좋은 일이라고 할 수도 있겠다.

맞선 사진은 , 예전엔 여성 측에서 먼저 건네는 것이 통례로 되어 왔으나, 요즘에는 혼담(婚談)을 먼저 꺼낸 측에서 건네는 것이 에티켓으로 되어 있다.

여기에서는 어떤 맞선 사진이 좋은지, 그 요령에 관하여 알아보자.

① 최근에 찍은 독사진이면 족하다. 일부러 새로 찍으면 어색해져서 좋지 않으며, 아무리 잘된 사진이라도 2·3년 전 것이라면 어딘지 모르게 지금과는 다른 모습일 수가 있는 것이다.

② 컬러 사진보다는 흑백 사진이 더 순수하고 정중한 느낌을 준다. 요즘은 '컬러 시대'여서 주민 등록증에도 컬러 사진을 붙이지만, 맞선 사진만은 흑백이 더 좋다. 컬러는 어쩐지 잘 보이려고 꾸미는 듯한 인상을 주기 때문이다.

③ 새로 찍을 때에는 신체적 컨디션이 좋은 날 카메라 앞에 선다. 몸이 아픈 날 찍은 사진에서 밝은 표정을 찾아내기란 쉬운 일이 아니다.

④ 예전에 얼굴만을 찍어 보내었으나, 오늘날에는 전신상(全身像)이

바람직하다. 그래야만, 키도 알 수 있고, 전체적인 풍모를 읽을 수 있기 때문이다.

⑤ 맞선 사진은 예술 사진이 아니다. 그러므로, 라켓을 든 테니스 복차림도 안 좋고, 등산복을 입은 알피니스트의 포즈도 그리 바람직하지는 않다. 정장(正裝)을 한 자연스런 선 자세가 좋다.

⑥ 되도록 사진관에서 사진을 수정(修正)하도록 하지 말 일이다. 아무리 해도 수정한 곳은 표가 나며, 이것이 상대방의 '눈속임'으로 오해될 우려도 있다. 한쪽 눈이 작은데 크게 수정했을 경우, 실제로 만났을 때의 실망과 불쾌함은 큰 것이다.

⑦ 자기에게 잘 어울리는 옷차림이라고 해도, 미니스커트나 청바지 차림은 곤란하다.

⑧ 여성의 경우, 화장하기에 따라 사진이 잘될 수도 있고, 그렇지 않을 수도 있다. 양장했을 때에는 윗입술을 아랫입술보다 약간 두텁게 또렷이 그린다. 그리고, 눈썹은 끝이 차츰 가늘어지도록 그린다.

약혼(約婚) 전에 할 일

'약혼' 자체는 '결혼'이나 다름없다. 약혼은 마음을 정한 것이고, 결혼은 그 약속한 바를 의식(儀式)이라는 절차를 통해 표면화하는 것에 지나지 않는 것이다. 그러므로, 상대방에 대해 더 알아둘 일들을 뒤로 미루지 않는 것이 훗날을 위해서도 바람직하다.

● 건강 진단서의 교환

이것만은 반드시 교환하도록. 상대방에게 무슨 질병이 있는지를 미리 알고 양해했다면 별문제 없겠으나, 그렇지 않다면 겉으로 아무리 건강해 보여도 반드시 건강 진단서를 교환하도록 한다.

'우생학(優生學)'까지는 아니더라도 성병(性病) 등의 질병이 있다면 곤란한 일이다. 또, 유전병(遺傳病)이 있는지도 모를 일이므로, 뒤로 미루어서는 안 될 일이다.

● 집안의 내력(來歷)

족보(族譜)를 베껴 보내자는 것도 아니다. 또, 명가(名家)임을 증명하여 우월하게 되자는 것도 아니다.

☺ 승용차를 탈 때

요즘은 '마이 카(my car) 시대'이다. 그래서, 승용차를 타게 되는 경우가 자주 있게 된다. 남성이 여성을 차로 모실 때에는 물론 뒷좌석의 문을 열어 주므로 고맙다는 눈길이라도 보내고 단정하게 타는 것이 에티켓이다. 그러나, 자가(自家) 운전자의 차를 탈 때에는 운전석 옆 자리에 있는 깃이 운전자에 대한 에티켓이다.

그리고, 아무리 친한 사이일지라도 지나치게 떠든다든지 단정치 못한 태도로 앉으면 운전사는 정신이 집중되지 못하여 사고의 원인이 될 수도 있다. 조용한 음악이라도 들어서 운전자의 마음을 평온하게 하는 것이 교양 있는 여성의 취할 태도이다.

그러나, 장거리 여행을 할 때에는 그저 잠자코 있으면 운전자가 지루해지기 쉽고, 자칫 조는 수가 있다. 이런 때에는 종종 가볍고 유쾌한 이야기를 건네는 것이 현명한 여성의 에티켓이다.

즉, 그 집안 선조들은 대체로 어떤 분들이었는가 하는 것 정도는 알아서 나쁠 리가 없다. 농사를 지었는지, 관(官)에 몸담았는지, 또는 상업을 했는지…… 또, 문인(文人) 집안인지, 아니면 장인(匠人) 집안인지……

집안마다에는 가풍(家風)이 있는 법이고, 상대방 집안의 이것을 아는 것은 앞으로의 결혼 생활에도 많은 참고가 되는 일이므로, 이쯤은 알려도, 알아도 좋으리라고 본다.

● 신원 조사(身元調査)

이것은 약혼하기 전에 최종 단계에 하는 것이 상대방에게 실례하지 않는 일이다. 그러나, 이 신원 조사가 '뒤를 조사하는' 느낌의 인상을 주기 쉬우므로, 이때에는 상대방 측에서 눈치 채지 않게 신중을 기해야 옳을 것이다.

① 호적 등본 : 상대방의 본적을 알면, 호적등본 1통쯤은 떼어 보는 것이 좋다. 상대방의 부모 관계 및 가족 사항 등을 비교적 자세히 알 수 있다.

② 근무처 : 상대방이 근무하는 곳이 있다면 그 직장의 사세(社勢) 등을 알아보아 앞으로의 생활 설계에 참고로 하는 것도 좋다. 또, 이쪽 부모가 상대방 직장의 상사를 찾아가서 그 사람의 근무 태도·월수입·장래성 등을 물어서 상의해 보는 것도 나쁜 일은 아니다.

③ 출신 학교 : 명문(名門)·일류(一流) 학교 출신인지를 따지자는 일은 결코 아니다. 상대방 출신 학교의 은사를 만나 그에 관한 이야기를 들어 보는 것도 좋은 생각이다. 그러나, 성적표를 떼어 보는 방법 등은 바람직한 일이 아니다.

④ '이웃사촌' : 이 말은 먼 친척보다는 가까운 이웃 사람이 더 가깝다는 뜻이다. 그러므로, 상대방의 이웃 사람이나 친구들을 만나 보면 그의 사람 됨됨이 등을 아는 데 참고가 된다. 그러나, 이런 일 역시 상대방이 모르도록 신중해야 된다.

약혼(約婚)의 에티켓

약혼은 결혼의 전주곡(前奏曲)'이라 할 수 있다. 그러므로, 지금까지의 관계에서 한 걸음 더 나아가되, 지나치는 일이 없어야 한다.

물론, 약혼한 후에 파혼(破婚)할 수도 있기는 하지만, 적어도 파혼 경우를 염두에 두는 일은 참으로 어수룩한 일이 아닐 수가 없다. '사실은 싫었는데…' 등의 변명으로써 넘어갈 일이 아님을 명심해야 될 것이다.

1. 약혼식(約婚式)

여기에서는 구식(舊式)·신식(新式)의 구별 없이 오늘날 가장 보편화되어 있는 혼례 법에 관하여 설명하기로 한다.

예전에는 육례(六禮), 즉 ① 납채(納采) ② 문명(問名) ③ 납길(納吉) ④ 납징(納徵), ⑤ 청기(請期) ⑥ 친영(親迎)의 여섯 경로를 밟아서 청혼하고 혼례를 올렸으나, 오늘날에는 대체로 이런 일들을 생략하고 행한다.

이러한 일 대신 오늘날에는 약혼식을 올리는데, 일부에서는 이것이 불필요하다 하여 바로 결혼식을 거행하는 경우도 많다. 약혼식·결혼식의 이중 부담을 생각해서 그렇겠지만, 아무튼 약혼식은 오늘날 성행하고 있는 풍속도임에는 어쩔 수 없다.

예전에는 백지(白紙)에 신랑의 생년월일 등을 쓴 이른바 사주(四柱)라는 것을 남자 측의 친척이 여자 측에 가지고 갔었다. 이것은 보통 폐백(幣帛)과 함께 보내는데, 폐백으로는 치마감 한두 벌이다. 그러나, 오늘날에는 약혼반지를 함께 보내는 사람도 있는데, 이런 경우에는 이것으로써 청혼한 것이 된 만큼 따로 약혼식을 할 필요는 없을 것이다.

신부 측에서는 사주단자를 받으면 깨끗한 상 위에 올려놓은 후 축하 주연을 베푼다. 이런 일은 구식이지만, 요즘의 신식 약혼일지라도 사주 보내는 관습은 그대로여서, 이 일은 쉽게 사라질 것 같지 않다.

> **육례(六禮)**
>
> ❶ **납채(納采)** : 선을 보는 일이다. 중국에서는 처음 방문할 때 미리 예물을 보내고 후에 방문하는 것이 예법이었으므로, 청혼 전에 보내는 폐백(幣帛)이었다. 이것은 우리나라의 납징과 혼동해서는 안 된다.
>
> ❷ **문명(問名)** : 서로 생년월일과 가문(家門)을 알아보는 것이다.
>
> ❸ **납길(納吉)** : 서로 합당하다고 통지하는 것이니, 우리나라에서 사주(四柱)를 보내는 것은 이 납길의 하나이다.
>
> ❹ **납징(納徵)** : 이것은 혼인을 하게 된 증거로 폐백을 보내는 것이니, 우리나라에서 행하는 납폐(納幣)이다.
>
> ❺ **청기(請期)** : 혼인 날짜를 정하는 것으로, 택일이니 연길(涓吉)이니 하는 것이 청기의 한 절차이다.
>
> ❻ **친영(親迎)** : 신랑이 신부의 집에 가서 신부를 맞이해 온다는 뜻이다.

약혼식은 신부될 사람의 집에서 베푸는 것이 일반적인 관습이었다. 그러나, 요즘은 음식점 등에서 베푸는 일이 많고, 또 교회당에서 약혼식을 올리는 일도 있다. 아무튼, 약혼식은 간소하게 할 일이다.

그러므로, 초대하는 사람도 양쪽의 가까운 친척이나 중매인, 그리고 친구 한 둘정도면 된다. 어디까지나 가족적 이어야겠다. 양쪽의 가까운 집안사람끼리 서로 인사하고, 두 사람의 약혼을 확인하는 것인 만큼, 아무리 기쁘더라도 분에 넘친 약혼식만은 피하는 것이 좋다.

약혼식에는 특별히 규정된 식순(式順) 같은 것은 없다. 그러나, 대체로 ① 사회자(중매인)의 약혼식 개식(開式) 선언, ② 신랑·신부될 사람의 약력 소개, ③ 양쪽의 가까운 친척 소개, ④ 약혼 선물 교환, ⑤ 축하, 이렇게 해서 식이 끝나면 연회(宴會)에 들어간다.

● 약혼반지

오늘날에는, 남자는 여자에게 약혼반지를, 여자는 남자에게 반지·시계 등을 선물하는 것이 일반적이다.

그런데, 약혼반지의 보석은 여성의 생일에 맞는 탄생석(誕生石)으로 하는 것이 원칙이며, 금이나 백금으로 된 약혼반지의 안쪽에는 남성의 이름 첫 글자를 새겨, 여성의 왼손 가운데손가락에 끼워 주는 것이 에티켓이다. 그러나, 요즘에는 약혼반지를 결혼반지로 대신하는 풍습이 널리 보편화되어 있으므로, 약혼·결혼반지를 따로 따로 장만할 필요는 없겠고, 또 굳이 값비싼 다이아몬드가 아니더라도 정성과 사랑이 담긴 반지라면 족할 것이다. 현대 여성이라면 이런 것쯤은 문제 삼지는 않는 현명함이 있으리라 믿는다.

2. 약혼기의 에티켓

약혼은 어디까지나 '결혼을 약혼한 것'이지 결혼 그 자체는 아니다. 그러므로, 단순한 연애 사이도 아니요, 결혼한 부부 사이도 아닌 것이다. 그래서, 이 약혼 시절의 에티켓은 그만큼 신경을 많이 써야 한다.

① 순결(純潔)을 계속 지킨다. 어차피 결혼할 사이라고 하여, 지금까지 지켜온 순결의 벽을 허물어서는 안 된다. 결혼 초야(初夜)까지는 무슨 일이 있어도 순결을 지키는 것이 제일 중요한 일이라고 하겠다.

② 약혼식이 끝난 후가 아니든지, 사주단자를 받은 날부터가 아니라면 '내 약혼자'라고 제삼자에게 소개하지 말아야 한다.

③ 약혼 시절에 성급하게 '여보'니 '당신'이라고 부르는 일은 삼간다. 그저 연애 시절에 부르던 대로 따르는 것이 무난하다. 'ㅇㅇ씨'로

> ### 👈 월별(月別) 탄생석(誕生石)
> **1월** : 자그로석(石; Garnet) : 정조(貞操), 우애, 충실
> **2월** : 자수정(紫水晶; Amethyst) : 성실, 마음의 평화, 주의심
> **3월** : 아쿠아마린(Aquamarine)·혈석(血石) : 침착, 용감
> **4월** : 다이아몬드(Diamond) : 청정(淸淨), 무구(無垢)
> **5월** : 에머랄드(Emerald) : 사랑받을 행복한 아내
> **6월** : 진주·문스톤(Moonstone) : 건강, 장수, 부(富)
> **7월** : 루비(Ruby) : 깊은 애정
> **8월** : 홍호(紅縞) 매노아(Sardonyx)·감람석(Chrysolite) : 부부의 행복
> **9월** : 사파이어(Sapphire) : 성실, 덕망
> **10월** : 단백석(蛋白石; Opal)·토르말린(Tourmaline) : 안락
> **11월** : 황옥(黃玉; Topaz) : 우정
> **12월** : 돌고석(石; Torguoise)·청금석(靑金石; Lapislayuli) : 성공

부르는 것이 가장 좋을 것이다.

④ 약혼 기간은 너무 짧아도, 길어도 좋지 않다. 대체로 남성은 약혼 기간이 짧기를, 여성은 길기를 바라게 되지만, 3~6개월 정도가 좋을 것이다.

⑤ 약혼 중이라도 서로 만날 때에는 부모의 눈을 피해서는 안 된다. 약혼한 사이이므로, 이제는 떳떳하게 부모의 승낙을 받아 만나야 할 것이다.

⑥ 아무리 마음이 앞서더라도 두 사람만의 숙박하는 여행은 삼가도록 한다. 무슨 일이 있어도 오후 10시 이전에는 귀가할 수 있도록 하여, 몸가짐·마음가짐을 보다 더 정숙히 해야 된다.

⑦ 남성은 반드시 여성의 집에까지 바래다주어야 하므로, 여성은 혼자 귀가하는 일이 없도록 한다.

⑧ 만일 '비밀'이 있을 경우에 그것을 고백하는 것이 좋은가, 나쁜가에 대해선 한마디로 단정할 수 없다. 그러나, 고백하든 말든 그것은 약혼 중에 해결해야 된다. '결혼하고 나서'는 자칫하면 더 큰 파문을 일으키기도 쉽다. 이런 일은 매우 어려운 일이므로 부모나 선배에게 의논하여 신중히 해야 될 것이다.

⑨ 부득이한 여러 사정 때문에 약혼을 취소하는 경우도 있다. 취소하는 측이나 취소당한 측이나 모두 쓰라린 일이다. 아무튼 파혼(破婚)이 되었을 때에는 약혼 때의 예물(禮物)을 모두 반환하는 것이 원칙이다. 중매인이나 제삼자를 통하여 되돌려 주어, 뒷맛이 개운치 않은 일은 없애는 것이 좋다.

3. 결혼 준비

● 택일(擇日)

결혼 날짜는 쌍방의 합의하에 정하는 것이 좋다. 예전에는 정혼(定婚)되면 신부 집에서 먼저 택일하여 신랑 집에 통지, 신랑 집에서도 다시 택일하여 신부 집에 회답했는데, 이렇게 하여 양가의 의견이 합치되면 납길(納吉)의 절차를 밟았다.

그러나, 오늘날에는 양가의 형편, 또는 손님들의 편의를 고려하여 정하는 것이 보통이다. 즉, 농촌이라면 농한기를 택하는 것이 좋으며, 너무 더운 때나 너무 추운 계절은 피하는 것이 좋다.

특히 유념할 일은, 택일을 신부 측에 일임하는 것이 좋다는 것이다. 왜냐하면, 결혼식과 신부의 생리일(生理日)은 겹치지 않도록 해야 되기 때문이다. 신부 측에서 이러한 일들을 고려하여 먼저 택일하고, 신랑 측으로서 특별한 이유가 없는 한 이에 따르는 것이 가장 좋은 방법이다.

그러나, 오늘날에는 의사와 상의하여 약(藥)으로써 생리일을 조정하는 방법도 있기는 하다.

● 결혼 청첩

요즘은 상업적(?)인 결혼식도 없지 않아 있다. 잘 알지도 못하는 사람, 또는 진심으로 축복해 줄 만한 까닭도 없는 사람에게까지도 청첩을 하는 수가 많다. 그러나, 청첩은 진심으로 축복해 줄 친척, 가까운 친지, 친구들과 꼭 축하해줄 가까운 지인들에게만 보내는 것이 예의이다.

청첩장은 원칙적으로 신랑 측에서 마련하게 되어 있으나, 그 문안 등은 신부 측과 의논하여 작성하고, 다음과 같은 사항에 유의하다.

① 청첩장을 신랑 측·신부 측이 중복해 보내거나, 또 빠뜨리지 않도록 사전에 양측이 합의하여 명단을 작성하여 보내는 것이 좋다.

② 청첩장은 결혼식 날짜보다 2주일 전쯤에 보낸다. 너무 일찍 보내면 잊는 수가 있고, 또 너무 기일이 촉박하면 다른 스케줄과 중복되어 참석하지 못하는 경우도 있게 된다.

③ 청첩장 봉투는 흰 사각 봉투가 좋으며, 받는 사람의 성명만은 깨끗하게 정자(正字)로 쓴다. 대개 대필(代筆)시키는 경우가 많으나, 청첩장 봉투만이라도 신랑·신부가 직접 쓰는 것이 바람직하다.

④ 청첩장 서식(書式)은 특별히 정해진 것이 없다. 다른 청첩장을 참고하되 그대로 따르지 말고, 또 너무 어려운 한문 투의 옛 서식을 따르기보다는 새로운 문구를 생각하여 쓰는 것이 좋겠다.

⑤ 청첩장에는 대개 우인(友人) 대표를 쓰게 되는데, 이때 우인을 많이 나열하는 것은 바람직하지 않다. 그리고, 청첩은 양가에서 동시에 보내는 것이므로, 결혼식에 참석하는 분들이 두루 알 수 있는 사람으로 선정하는 것이 좋다.

● 주례(主禮)

주례는 그야말로 결혼식을 주재하고, 또 신랑·신부의 앞날을 진심으로 축하해 줄 사람이 맡아야 한다. 그래서, 존경하는 은사(恩師)를 찾아가 부탁하는 것이 가장 좋다.

그러나, 오늘날 일부에서는 '전시 효과'라고나 할까, 신랑·신부를 잘 알지도 못하는 사회 저명인사, 또는 인기인(人氣人)에게 주례를 부탁하는 일도 있다. 또, 직업적인 주례도 있다고 한다. 이런 일은 피하는 것이 좋겠다. 누구든 중학교든 대학교든 자기를 가르쳐 주신 은사는 있을 것이다.

그리고, 되도록 주례 자신도 그 가정이 다복하고 사회에 덕망이 있는 분이라면 더욱 좋다.

● 예식장

예식장이 훌륭해야 그 결혼이 행복한 것은 결코 아니다. 그럼에도 우리 사회의 일부에서는 아직도 호화 예식장을 찾는 경향이 도사리고 있다.

신자(信者)라면 교회당이나 사찰에서 식을 올려도 좋겠고, 그렇지 않으면 예식장을 빌어서 식을 올리되, 다음 사항을 유념한다.

① 예식장을 선택할 때에는 우선 그 비용을 고려해야 된다. 예식장 비용은 대체로 쌍방이 공동 부담하기 때문이다.

② 예식장은 미리 예약하도록 한다. 특히, 결혼 시즌(봄ㆍ가을)에는 예식장이 붐비므로, 충분한 시간을 갖고 미리 예약해 두어야 한다.

③ 결혼식에 참석할 사람의 수를 예측하여, 너무 넓지도 좁지도 않은 장소를 정한다.

④ 누구든 쉽게 찾아올 수 있는 곳, 교통이 편한 곳 등을 택한다.

● 예물(禮物)

예물에는 결혼식 때 신랑과 교환하는 신물(信物)이라는 것과, 신부가 시댁 어른께 처음 뵙는 인사를 드릴 때 드리는 예물이 있다.

그런데, 이런 예물이나 혼수(婚需)에 지나침이 있는 풍조 또한 우리 사회에 유행화(流行化)되어 있으니, 이것이 문제이다. 물론, 값 비싸고 훌륭한 물건을 많이 가지고 가서 나쁠 리야 없겠지만, 그것으로써 상대 집안이나 사람의 가치를 판단하려는 척도로 삼아서는 결코 안 된다는 것이다.

적어도 현대인이라면 경제 사정에 맞게, 또 아무리 돈이 많더라도 정도에 알맞게 예물을 준비해야 될 것이다.

① 신부가 시댁에 드리는 예물 : 시부모의 옷 한 벌, 조부모의 옷 한 벌, 그리고 형편에 닿으면 저고리 한 감, 버선·양말 한 켤레, 수건 한 장, 주머니 한 벌, 이불 한 채를 드려도 좋다.

② 며느리에게 주는 예물 : 옷감, 패물 등이다.

③ 채단(彩緞) : 며느리를 맞이하기 위해 혼인 전날 신부 집에 혼수함(봉채)에 넣어 보내는 예물이다. 보통 청·홍 두 가지의 치맛감을 넣으며, 형편에 따라서 패물을 넣어 보내기도 한다.

④ 예식 때의 예물 : 금반지를 주고받는 것이 가장 좋겠다. 금(金)은 변하지 않음, 지환은 끝 간 데 없이 둥글다는 의미에서이다. 그러나, 요즘에는 일부 허영 층에서 반드시 다이아몬드 아니면 안 되는 듯이 생각하고 있으나, 이것은 '반드시'가 아니므로 무리히지 말아야겠다.

● **혼례 복장**

① 신랑의 복장 : 한복일 경우에는 두루마기 양말대님을 치고 구두를 신으며, 여름철이라면 모시 같은 옷감을 쓴다. 그러나, 요즘은 주

로 양복을 입는데, 흑색이나 곤색 계통이면 좋겠고, 특별히 모닝코트 같은 예복을 갖출 필요는 없다.

② 신부의 복장 : 한복일 경우에는 백색 치마저고리에다가 백색 장갑을 낀다. 그리고, 화관(花冠)을 쓰고, 백색의 고무신을 신는다. 그러나, 요즘에는 흔히 웨딩드레스를 입는다. 이것은 비싸므로 빌려 입는 경우도 많은데, 이럴 바에야 한복을 잘 디자인하여 입으면 더 좋겠다.

결혼식(結婚式)

1. 구식 결혼식

● 봉채(혼수함)

신랑 집에서 신부에게 보내는 채단이 든 혼수 함이 혼인 전날에 신부 집으로 보내어진다. 그리고, 이 혼수 함과 함께 혼서(婚書)도 보낸다.

● 친영(親迎)

사모관대(四帽冠帶)를 한 신랑이 신부를 맞이하기 위하여 신부 집으로 간다. 그리고 신랑은 말을 타고 신부 집 문 밖에 이르러 전안례(奠雁禮)를 드린다.

● **전안례(奠雁禮)**

신부 집에서는 접대인이 나와 세 번을 읍하고 신랑을 맞는다. 신랑도 세 번 읍하여 답례하면 안부(雁夫)가 나무기러기를 들고 전안상(奠雁床)에 올려놓는다.

신랑은 전안상 앞에 있는 배석(拜席)에 꿇어앉아 나무기러기를 한 번 안았다 놓은 후 일어나서, 나무기러기를 향하여 나아가 세 번, 물러나 세 번 절한다(進三拜 退三拜).

그러면, 신부 집 수모(手母)는 나무기러기를 얼른 신부 앞에 놓으며, 전안례는 이것으로 끝났다.

● **초례(醮禮)**

초례를 올리는 초례청에는 신위상(神位床)이 차려지고, 그 위에는 찹쌀·과일·술잔·나무기러기·향불을 놓으며 촛불을 밝힌다. 그리고, 신위 상 앞에는 정화수 그릇을 놓고, 그 양쪽에는 송(松)·죽(竹) 가지를 병에 꽂아 변함없는 절개를 맹세한다.

먼저 신랑이 신위 상 앞에 있는 향로 전면에 꿇어앉아 재배하면 이때 수모가 신부를 인도하여 나오는데, 신랑은 동쪽을 향해 서 있다가 신부

> 👉 **구식 결혼에 '기러기'를 선택하는 이유**
>
> 새 중에서도 기러기를 택한 데에는 여러 가지 설이 있다. 즉, 기러기는 백복(百福)의 상징이라고도 하고, 부부간의 정조(貞操)를 의미한다고도 한다. 그러나, "기러기를 드리는 것은 다시 짝을 얻으려 하지 않는다."라 한 것이 가장 타당한 해석인 듯하다.
>
> 또, 주자(朱子)의 설(設)에 의하면, 기러기는 여름에는 북쪽으로, 겨울에는 남쪽으로 가는 철새로서 음양(陰陽)에 잘 순응한다고 하여 선택 한다고도 한다.

가 나오면 바로 선다.

그리고, 신랑과 신부가 꿇어앉아 물로써 손을 정하게 하는 예를 마치고 일어서면, 주례가 혼홀(婚笏)을 구호하고 여기에 따라 신랑이 신부에게 절한 후 자리 위로 올라선다. 주례의 신호에 따라 신부가 두 번 절을 하고 꿇어앉으면 신랑은 답례로서 한 번 절하고, 신부가 다시 일어나 두 번 절하면 신랑도 또 한 번 답례의 절을 한다. 이것이 상견례(相見禮)이다.

상견례가 끝나면 신랑·신부가 같이 향을 피우고 재배하는데, 이것은 부부됨을 하늘에 서약하는 의식이다. 그리고 나서 청·홍실이 드리운 술잔이 오가고 신랑·신부가 마주보면서 절을 하여 백년해로를 약속한다.

이제 끝으로 내빈을 향하여 신랑·신부가 절을 함으로써 대외적으로 부부가 되었음을 선포하게 되는 것이다.

2. 신식 결혼식

오늘날 위에서와 같은 구식 결혼식은 그것을 구경하기조차 힘들게 되었다. 그러나, 그러한 구식 결혼식의 예법도 알아두는 것이 좋으리라고 본다.

오늘날에 널리 행해지는 이른바 신식 결혼식은 예식장에서 간단히 거행되는데, 그 식순은 대체로 다음과 같다.

① 개식(사회자)

② 신랑 입장

③ 신부 입장

④ 신랑 · 신부 맞절

⑤ 신랑 · 신부 서약

⑥ 예물 교환

⑦ 성혼 선언문 낭독(주례)

⑧ 주례사(주례)

⑨ 양가 대표 인사

⑩ 신랑 · 신부 내빈에게 인사

⑪ 신랑 · 신부 퇴장

⑫ 폐식(사회자)

결혼식이 끝나면 피로연(披露宴)을 베푸는 경우도 있다. 이 일의 참뜻은 결혼을 축하해 주는 친척이나 친지들에게 고마운 인사를 대신하여 베푸는 간소한 음식 초대이다. 그러므로, 피로연은 사정이 여의치 않으면 생략해도 무방하며, 또 하더라도 어디까지나 조촐하게, 정중하게 베풀어야 할 것이다.

신혼여행(新婚旅行)

결혼 초야(初夜)를 신랑 집에서 맞이하는 경우도 있지만, 결혼식이 끝나면 그날로 신혼 여행길에 오르는 경우가 오늘날 보편화되어 있다.

그리고, 대개는 예약해 둔 호텔에서 첫날밤을 보내게 된다. 그래서, 여기에서는 호텔 이용의 요령을 간단히 설명하기로 한다.

① 방의 종류 · 크기 · 요금 등은 숙박하기 전에 미리 알 수 있으므로, 주머니 사정을 고려하여 정한다.

② 호텔 요금은 방값만이다. 그러므로, 식대(食代)는 별도의 계산이며, 식사를 하든 않든 그것은 관계가 없다.

③ 방값이 싸든 비싸든 서비스에는 차별이 없다.

④ 메이드이든 보이이든 서비스에 대한 팁은 대체로 10%이다. 그러나, 호텔에 따라 팁이 불요(不要)한 곳도 있다.

⑤ 신혼여행에서의 호텔은 반드시 예약해 두어야 한다. 막상 도착하여 방이 없으면 난처해지기 때문이다.

⑥ 방을 정하면 우선 부모님께 잘 도착했다는 전화를 해드린다. 특히, 신부의 부모는 걱정이 태산 같은 법이다.

⑦ 호텔측의 쿠폰(호텔권)이 있으면 그것을 사용하는 것이 좋다. 많은 돈을 가지고 다니는 것보다는 안전하다.

● **첫날밤의 에티켓**

'첫날밤' 이라는 말은 그 자체만으로는 황홀하기 그지없다. 그러나, 특히 신부는 자꾸 불안 초조해지고, 또 수줍게 되는 법이다.

① 전등은 신랑이 끈다. 그리하여, 신부의 부끄러움을 다소나마 덜어
   준다.

② 신랑은 리드하고, 신부는 그에 따르되, 특히 신랑은 너무 강압적이
   어서도 안 되고, 또 너무 성기(性技)를 부리지 않도록 한다. 서로
   경험이 없을 터이므로, '체하는' 것은 자칫하면 위험하다.

③ 첫날밤에는 1회로서 충분하다. 그리고, 동시에 만족하기를 기대해
   서는 안 된다.

④ 심신의 격동으로 인하여 신부가 갑자기 월경(月經)하는 수도 있다.
   이런 때에는 서슴없이 알리고, 신랑도 신부를 잘 위로하여 참고 넘
   어가야 된다. 갑자기 병이 난 것이라고 생각하며, 이로 인하여 신
   혼의 기분을 우울하게 해서는 안 된다.

⑤ 첫날밤에 과거를 '고백' 하는 경우는 금물이다. 만일 '과거' 가 있었
   다면 그것은 약혼 전에 마무리 지었어야 될 문제이다.

⑥ 지난밤에 심적으로 불안 초조했고, 또 육체적으로 어떤 고통이 있
   었더라도, 다음날 아침에는 명랑 · 신선한 태도를 취할 것. 하룻밤
   만의 일은 속단해서는 안 된다.

신혼 가정에서의 에티켓

둘만의 신혼살림이라고 하여 아내가 남편에게, 또는 남편이 아내에게 아무렇게나 대하는 것이 현대적(現代的)은 아니다. 시부모를 모시고 살든 아니든 신혼 가정도 한 사회이므로, 여기에도 엄연히 지켜야 될 가정에서의 예의 · 예법이 있는 것이다. 다음에는 신혼 가정뿐 아니라, 그 일반적인 사항에 대해서도 요약하여 설명하기로 한다.

① 과거사(過去事)는 입 밖에 내지 않는다.

남편이 아내의, 또는 아내가 남편의 과거에 대한 불쾌한 일을 알게 되더라도 입에 담지 않는 것이 부부 에티켓의 제1조이다. 부부는 무촌(無寸)이므로, 서로 감싸주는 것이 진정한 부부애(夫婦愛)일 것이다.

② 남편의 일, 특히 직장 일에 관해서는 간섭하지 않는다.

이렇게 저렇게 해야 승진한다며 일일이 간섭해선 안 된다. 회사일은 남편이 알아서 처리할 일이지, 아내의 일은 아닌 것이다. 남편을 도와 훌륭하게 만들려는 갸륵한 마음씨는 좋으나, 누구하고는 술을 먹지 말라, 아무개 부장님 집에는 찾아가라는 식이 되면, 어느 남편이든 그 아내를 귀찮게 여긴다.

③ 남편도 남자, 프라이드를 상하게 하지 말라.

'쥐꼬리만한 월급' 이라 한다든지, '아무개 남편은 벌써 과장' 이라는 식으로 남편의 기를 꺾으면 안 된다. 아무튼 다른 남성과 남편을 비교하여 자기 남편을 나쁘게 평하는 것은 절대 금물이다.

④ 부부 싸움에도 룰은 있다.

남편으로서 아내에 대해 '내가 먹여 살리는 인간' 이라는 사고방식,

또는 아내로서 남편에 대해 '당신 없으면 못 살 줄 알고…' 하는 식의 생각은 가정생활의 근본 룰에 어긋난다. 가정이란 부부가 서로 '존재함'으로써 성립되는 것이며, 이것이 기본인 것이다.

⑤ 가정 주부는 영양학(營養學) 박사이다.

남편의 건강은 전적으로 그 아내의 손에 달린 것이다. 어떤 일이 있어도 남편의 건강은 내가 책임진다는 마음가짐이 무엇보다도 중요한 것이다.

⑥ 일요일에는 서로 푹 쉬도록 한다.

남편이든 아내든 5,6일간 열심히 일하며 생활했으므로, 일요일에는 반드시 함께 휴식하며 다정하게 지내도록 한다. 무리하게 운동을 하자든지, 또 피곤한데 여행을 가자든지 하여서는 심신이 더욱 피로해지기 쉽다. 오후에 간단히 외식 정도라도 하면서 푹 쉬게 하는 것이 바람직하다.

⑦ 남편은 아내와 어머니 사이에서 '평화의 사도'가 되어야 한다.

우리나라에는 예로부터 고부(姑婦), 즉 시어머니와 며느리 사이에는 갈등이 심했고, 또 이로 인해 가정이 불행하게 된 예도 적지 않다. 그러

> **✑ 다른 사람 앞에서 남편을 부를 때**
>
> "우리 아빠는 매일 늦게 돌아오신답니다."라고 했을 때, 이 '아빠'가 그녀의 아버지인지 남편인지를 알 도리가 있는가. 그러나, 우리는 늘 이 '아빠' 소리 듣기에 익숙해져 있다. 이때의 '아빠'는 '남편'이라고 묵계(?)가 되어 있는 실정이다.
>
> 그러나, 손윗사람 앞에서는 '그이' 또는 '그 사람' 정도로 부르는 것이 좋으며, 평교(平交) 사이에서는 '제 남편' 또는 '내 남편'이라고 부르는 것이 무난하여 좋겠다.
>
> 평교사이라도 '아빠'를 쓰는 것은 좋지가 않은데, 더구나 손윗사람 앞에서 자기 남편을 '아빠'라고 부르는 것은 큰 실례가 아닐 수 없다.

므로, 남편은 어머니와 아내 사이에서 서로 화목하도록 노력하되, 어느 한쪽에 치우치지 않도록 해야 된다. 그리고, 되도록 어머니를 더 우대하되, 아내 또한 남편의 이런 뜻에 진심으로 따라야 할 것이다.

⑧ 친정에 의지하지 않는다.

'출가외인(出嫁外人)'이라는 말을 꼭 지키자는 것은 아니다. 그러나, 지나치게 친정에 의존하는 것은 남편의 기분을 상하게 한다. 그리고, 모든 생활 풍습도 시집에 따르도록 노력한다. '우리 집에서는 이랬는데…' 하는 생각부터 없애도록.

⑨ 그러나, 부당한 시부모의 간섭은 분명히 가리도록 한다.

시부모라고 하여 그들의 생활 습속이나 생각이 모두 옳은 것만은 아니다. 이때에는 남편에게 말하여 그가 얘기하도록 조처하는 것이 현명하다.

⑩ 시부모 앞에서는 '다정도 병'이다.

아무리 '잉꼬 부부'라 할지라도 시부모 보는 앞에서 윙크한다든지, 몸에 손을 댄다든지, 또 귀엣말을 나누는 것은 금물이다.

⑪ 시부모에게도 적당한 일감을 마련한다.

그저 편하게 해 드린답시고 시부모를 하루 종일 부처님 모시듯 해서는 안 된다. 그들은 누구보다도 '소외감'을 느끼기 쉬우며, 또 그렇게 되면 매우 서운해 한다. 그러므로, 마당 청소라든지, 간단한 시장보기 등을 부탁하면 오히려 좋아할 것이다.

⑫ 시누이와는 의좋게 지내도록 한다.

"때리는 시어머니보다 말리는 시누이가 더 밉다."라는 우리 속담이 있다. 그러나, '현대 여성'이라는 점에서는 얼마든지 뜻이 통할 수 있을 것이므로, 내가 먼저 이해하고 의논 상대가 되어주면 그 사이는 결코 그리 멀지만은 않을 것이다.

⑬ 남편의 회사로 전화 거는 일은 되도록 삼간다.

부득이한 경우가 아니라면 남편 회사에 전화 거는 일은 없어야겠다. 한참 바쁘게 중요한 일을 하는 남편에게 일찍 귀가하라느니, 누가 다녀갔다느니 등 사소한 일을 일일이 알리는 것은 친절도 아니고, 애정도 아니다. 그리고, 만일 전화하여 누가 수화기를 들었더라도 윗사람 대하듯 정중한 말씨를 써야 된다. 남편의 부하 여직원이라고 해서 소위 반말을 내뱉으면 남편 체면은 그만큼 더 깎인다.

⑭ 침대의 무드는 아내의 소관이다.

침실 무드를 살리는 것은 아내가 할 일이며, 이것 또한 매우 중요하다. 단순히 성적(性的)인 면에서뿐만 아니라, 남편이 편히 마음 놓고 쉬도록 해야 된다. 그리고, 낮 화장 못지않게 밤 화장에도 신경을 써야 한다. 그리고, 아내가 남편보다 먼저 잠들면 안 된다.

‘시누이〔혹은 ‘시누’〕’는 남편의 누이이고, ‘올케’는 오빠나 남동생의 아내를 누이가 이르는 말이다.

손위 올케나 손위 시누이에게는 ‘언니’ 혹은 ‘누님〔남편의 입장에서 〕’으로, 손아래 시누이는 ‘아가씨’로 부르는 일이 많다.

올케는 ‘올케’라고 부르는 것이 보편화된 호칭이다. 그러나, 손아래 올케가 아이를 낳았으면 아기의 이름을 붙여서 ‘○○엄마’라고 불러도 무난하다.

“때리는 시어미보다 말리는 시누이가 더 밉다.”라는 속담이 있다. 그러나, 시누이를 정답게 호칭하고 따르며, 서로 존경하고 위해 주는 것이 오늘날의 바람직한 여인상(女人像)이다.

11장

뜻 깊은 회갑과 백일·돌

회갑(回甲) 잔치

요즘에는 회갑연(回甲宴)을 피하는 노인들이 부쩍 늘고 있다. 현대 의학은 인간의 수명을 연장시켰으므로, 나이 60이 되는 해의 생일인 회갑을 별로 달갑게 생각지 않게 된 것이다.

옛날에는 '인생 칠십 고래희(古來稀)'라고 했으나, 오늘날에는 '인생 구십, 백이 고래희'라고나 할까…….

그러나, 자식의 도리로서 부모의 회갑연을 마련해 드리지 못하면 이 또한 마음 서운한 일이어서, 회갑 잔치는 아직도 널리 행해지고 있다.

회갑은 환갑(還甲)·주갑(周甲)·화갑(華甲)이라고도 하며, 이 회갑 잔치를 수연(壽筵)이라고 한다. 그런데, '회갑·환갑'이라는 것은 간지(干支)로 쳐서 태어난 해〔年〕와 같은 해가 60년에 1회씩 돌아오기 때문에 이르는 말이다. 즉, 간지가 갑자(甲子) 해에 태어난 사람이 또 갑자 해를 맞으면 그 나이가 60이 되는 해가 되어야 하는 것이다.

그러므로, 회갑 잔치는 자손들이 그 장수를 축하하고, 앞으로도 더욱 오래 사시기를 기원하여 베푸는 잔치이다.

　그러나, 분에 넘치는 잔치, 즉 자손들이 빚을 얻어다 차리는 등의 잔치는 그 부모님의 마음을 더욱 아프게 하는 일이다. 이 또한 어디까지나 정성을 다하면 족한 것이니, 허례는 삼가도록 하자.

● 회갑 잔치 준비

① 우선 예산을 치밀하게 세운다. 초대할 인원수, 음식비용 등을 꼼꼼히 계획 세우도록.

② 의복·침구 등을 새로 마련해 드리되, 조부모님이 살아 계시면 그분들 것도 준비해야 한다.

③ 음식 준비 등은 여자측에 일임하고, 장소 등은 남성측에서 물색한다.

④ 여흥 준비도 빼놓지 않는다.

⑤ 청첩장을 준비하되, 웃어른께는 되도록 자손들이 직접 전하는 것이 도리일 것이다.

⑥ 주로 가까운 친지와 친척들을 초대하는 것이 원칙이다. 그러나, 평소에 부모님과 별로 사이가 좋지 않았던 분이라면 이날에 초대하여 화해시키는 것도 뜻 깊은 일이 될 것이다.

⑦ 이외의 사항은 '7. 초대의 에티켓' 항을 참고하기 바란다.

● 상(床)차리기

　회갑 잔치 상차림은 현재의 형편에 알맞게 하는 것이 옳은 일임은 두말할 필요도 없다. 그러나, 예로부터 내려오는 격식이 없는 것도 아니므로 사정이 허락한다면 이에 따르는 것이 무난하리라고 본다.

① 회갑을 맞은 부모님을 위해서는 큰상을 차리되, 부모님이 평소에 즐기시는 음식을 놓는다.

② 음식은 상 위에 높이 괴는 것이 원칙이며, 상 좌우에 송(松)·죽(竹)의 분을 놓으면 더욱 좋다.

③ 과실류는 상 앞쪽, 편류는 옆쪽, 적은 뒤쪽에 놓는다.

④ 굄 접시에는 쌀 등의 날 곡식을 담고 흰 종이로 싼다.

⑤ 대추는 쪄서 실백을 박아 실에 꿰어 주머니 주위를 쌓아 올라가며, 은행은 까서 볶는다.

⑥ 날 과일은 그냥 쌓기가 힘들므로 가는 꼬챙이로 꿰어 쌓고, 과자류는 흰 종이를 붙여 가며 괸다.

⑦ 괴어 담은 그릇의 수효와 괴어 담은 음식의 높이 치수를 홀수로 한다.

⑧ 조부가 살아 계실 때에는 큰상 두 개를 차린다.

⑨ 큰상 옆이나 앞에는 따로 곁상을 차리는데, 거기에는 면(麵)·신선로·편육·식혜·나박김치·화채·구이·초간장·편청(꿀) 등을 놓는다.

⑩ 수연상의 기본 음식은 다음과 같다.

- 다식 : 흑임자다식, 송화다식, 녹말다식
- 건과(乾果) : 생률, 대추, 호도, 은행
- 생과(生果) : 감, 배, 귤, 사과
- 유과(油果) : 강정, 빈사과, 약과, 세반연사, 연사, 매잣과, 매화
- 편 : 꿀편, 백편, 주악, 찰편, 웃기, 싱검초편

- 당속(糖屬) : 졸병, 온당, 꿀병, 옥춘, 팔보당
- 정과(正果) : 연근정과, 청매정과, 산사정과, 생강정과, 유자정과, 모과정과
- 포(哺) : 육포, 어포, 건전복
- 적(炙) : 소고기적, 닭적, 화양적
- 전(煎) : 고기전, 생선전, 갈납
- 초(炒) : 전복초

● 회갑 의식 순서

회갑연의 의식 순서로서 특별히 정해진 것은 없으나, 대체로 다음과 같은 순서로 진행하면 무난할 것이다.

보기 1

① 사회자의 개회 선언
② 헌수(獻壽; 풍악)
③ 예물 증정
④ 축가(祝歌) 또는 축무(祝舞)
⑤ 축사(祝辭)
⑥ 예사(禮辭)
⑦ 하사(賀辭)
⑧ 식사(연회)

> ☺ **동서(同?)를 부를 때**
>
> 여자의 경우, '동서'란 그녀들의 남편이 형제간이므로 맺어지는 관계이다. 그러므로, 여자들의 나이에 관계없이 남자들의 서열을 기준으로 한다.
>
> 손아랫동서는 위로부터 '큰 형님, 둘째 형님…'으로, 손윗동서는 '둘째 동서, 셋째 동서…' 식으로 부른다.
>
> 그리고, 남자가 처제·처형의 남편을 부를 때에는 부인의 서열을 기준으로 하여 역시 '형님' 또는 '동서'로 부르고, 나이가 비슷하면 반 높임도 무방하다.

① 개식(開式)　　　② 헌화(獻花)

③ 식사(式辭)　　　④ 약력 소개

⑤ 헌수　　　　　　⑥ 하사

⑦ 축사　　　　　　⑧ 축가

⑨ 송시(頌詩)　　　⑩ 영창(詠唱)

⑪ 예사　　　　　　⑫ 폐식(閉式)

● **헌수(獻壽)**

회갑을 맞이한 부모님께 큰상을 차려 올리고 술잔을 드리며, 절을 하고 장수를 축하하는 의식이 헌수이다.

헌수하는 순서는 먼저 아들 내외로부터 시작하여 직계 손의 헌수가 끝나면, 친근자 또는 손님 중에서 축배를 올리고 싶은 사람이 잔을 올린다.

● **회갑 선물**

회갑을 맞이한 분이 부부가 함께 해로한 경우에는 그 부부에 똑같이 선물한나. 선물은 회갑을 맞이한 분이 기쁘게 사용할 수 있는 것이면 되고, 선물을 보낼 경우에는 포장을 한 후 그 위에 다음과 같은 축의 문구(祝儀文句)를 쓴다.

축 수연(祝 壽筵), 축 희연(祝 禧筵), 축 수연(祝 壽宴), 축의(祝 儀), 수의(壽儀), 하의(賀儀) 등.

백일잔치 · 돌잔치

애기가 태어나서 100일째 되는 날에는 애기의 건강 · 장수를 기원하고, 산모(産母)의 회복을 축하하기 위하여 친척과 친지들을 초대한다.

또, 애기가 태어나서 만 1년이 되는 날에도 백일과 마찬가지로 손님을 초대하여 경사(慶事)스러움을 축하한다.

● 선물

백일 선물이나 돌 선물은 애기의 의복 · 장난감이 주가 된다.

이에 관해서는 '8. 정성어린 선물의 에티켓' 항을 참고하기 바란다.

그리고, 손님 초대에 관해서는 '7. 초대의 에티켓' 을 참고하면 도움이 될 것이다.

● 상(床)차리기

① 백일 상 : 쑥 · 송기 · 옥색 · 분홍 · 백색의 다섯 가지 색깔의 송편을 잘게 빚어 만든다. 수수경단은 차수수로 만들어서 팥 · 콩 고물을 입히는데, 백일에 특별히 수수경단을 만드는 것은 수수의 '수'가 목숨 '수(壽)' 자와 그 음이 같다는 데에서 장수를 기원하는 까닭이다.

그리고, 소고기 또는 생선을 넣은 미역국을 마련하며, 나물은 두서너 가지를 준비하는데, 반드시 시금치나 미나리 등 파란색 나물을 쓴다. 이것은 푸르고 싱싱하게 무럭무럭 자라라는 뜻에서이다.

② 돌상

- 대추 · 밤이 섞인 설기떡 : 색편도 좋고, 생일 케이크를 놓아도 무방하다.

- 송편, 수수경단, 과일

- 흰 쌀 : 흰 쌀을 놓는 것은 쌀이 우리의 주식(主食)이므로, 평생 유복하기를 기원하는 마음에서이다.

- 굵은 타래실 : 홍색 · 백색 실을 타래를 지어 놓는다. 이것은 명(命)이 길기를 기원하는 마음에서 이다.

- 붓 · 책 : 성장하여 학문이 뻬어나기를 기원해서이다.

- 활 · 화살 : 싸리나무 가지를 껍질을 벗겨 활 모양으로 휘어 다홍실로 매는데, 이것은 장성하여 무예에 으뜸이 되라는 뜻이다.

- 돈 : 옛날의 엽전을 실로 타래를 지어 놓는데, 요즘에는 지폐를 놓는다. 이것은 커서 유복하게 되라는 뜻에서이다.

● 돌잡히기

돌이 된 애기가 돌상에 놓인 물건들을 둘러보다가 그 중 어느 한 물건을 잡게 하는 것이 돌잡히기이다. 그러면, 어른들은 그 애기가 잡은 물건으로써 그 애기의 장래를 애기하는 풍습은 오늘날에도 전해 내려오고 있다. 이것은 미신이라고도 할 수 있겠으나, 우리의 미풍(美風)이라고 보아, 금지할 것까지는 없다고 본다.

12장

외국인에 대한 에티켓

세계 속의 한
국'으로 성장하고 있는 오늘날, 우리나라 사람들이 외국에 나가는 일도 많지만, 외국인들 또한 하루에도 수없이 많이 들어오고 있다.

그런데, 우리는 외국인, 특히 서양인들과는 그 역사·생활·풍습이 다르므로 자칫하면 실례하게 되는 수가 많다. 우리나라를 찾아온 외국인들은 내 집을 방문한 손님과 마찬가지이므로, 최소한 그들의 에티켓을 존중해 주어 기분 상하는 일이 없도록 해야 문화 국민으로서의 자부심을 누릴 수 있을 것이다.

그러므로, 여기에서는 외국인, 특히 영미인(英美人)을 중심으로 그들 에티켓의 기본적인 사항을 설명하기로 한다.

서양인에 대한 기본 에티켓

● 길에서 대면했을 때

아는 서양인을 길에서 만나면, 그는 How do you do? (안녕하십니까?)라고 인사할 것이다. 그런데, 이것은 질문이 아니고 그냥 인사이므로, 이쪽에서도 맞받아서 How do you do? 하면 된다.

그리고, 서양인을 길에서 만났을 때는 물론이거니와 그 외의 경우에도 다음과 같은 질문은 아주 가까운 사이가 아니라면 반드시 삼가야 한다.

① 어디로 가십니까?

② 어디를 다녀오십니까?

③ 몇 살입니까? (특히 여성에게 금물)

④ 결혼하셨습니까?

⑤ 애기는 몇입니까?

⑥ 수입은 얼마나 됩니까?

⑦ 직업이 뭡니까?

⑧ 식사했습니까?

⑨ 당신 아버지 직업은 뭡니까?

● 부인에 대한 안부는 금물

우리네들은 흔히 "부인께 안부 전해 주세요." 정도쯤은 아무 부담 없는 인사로서 한다. 그러나, 서양인들에게는 이 말이 통하지 않는다. 그네들은 개성(個性)을 존중하며, 또 사생활(私生活)을 침해당하는 것을 아주 싫어하므로, 이런 말은 삼가는 것이 좋다.

그러나, 모처럼 만났을 때에는 "부인은 어떠세요?" 정도라면 무방하다. 이때 '당신 부인' 은 Your Madam 또는 Your Mrs.라고 하지 않고, Your wife나 Mrs. So-and-so라고 부르는 것이 옳다.

● 소개를 받았을 때

우리네 습관으로는 누구를 소개받으면 명함을 건네는 것이 보통이다. 그러나, 서양인에게는 그런 습관이 생소하다. 그러므로, 서양인이 먼저 "명함을 주시겠습니까?" 하기 전에는 명함 내놓기를 삼가는 것이 에티켓이다.

그리고, 상대 서양인의 이름을 들었는데에도 잘 알아듣지 못하겠거든 이름을 되묻지 말고, How do you spell it? (철자가 어떻게 되지요?)라고 해야 된다.

● 손가락질도 금기

서양인들은 손가락질당하는 것을 몹시 불쾌하게 여긴다. 하기야 우리네도 손가락질당하는 것을 싫어하지만, 그들은 그 정도가 우리들보다는 심하다.

그러므로, 대화 도중에 다른 사람을 가리키며 “저 사람은……” 하거나, 상대방을 가리키며 “당신은……” 하면 큰 실례가 된다.

그리고, 서양인들은 자기 어깨 너머로 누가 등 뒤에서 말하는 것도 매우 싫어한다. 그러므로, 서양인이 신문 등을 보고 있을 때 뒤에서 어깨 너머로 “오늘 주요 뉴스는 뭡니까?” 하고 말해서는 안 된다.

● 미신(迷信)에서 연유한 금물

① 사다리 아래를 지나가는 것은 불길한 징조로 여긴다.

② 한 개비의 성냥으로 세 사람이 담배에 붙이는 일도 싫어한다.

③ 집 안에서 우산을 펴는 일도 삼간다. 현관에서도 마찬가지이다.

④ ‘13’ 이라는 숫자는 매우 싫어한다. 왜냐하면, 그리스도의 제자 12명 중 유다라는 제자 1명이 그리스도를 배반했는데, 그리스도를 제1위로 센다면 그 유다는 제13위가 되기 때문이다.

⑤ ‘금요일’ 도 불길한 날로 여긴다. 왜냐하면, 유다가 그리스도를 배반한 것은 금요일이었기 때문이다.

그러므로, 서양인들은 ‘13’ 일과 ‘금요일’ 을 모두 꺼려하고 특히 ‘13일의 금요일’ 은 아주 싫어한다.

하반신(下半身)에 관한 얘기도 금물

서양인들 앞에서 배·엉덩이·다리 등 하체(下體)에 관한 이야기를 꺼내면 큰 실례가 된다.

그래서, 그네들은 방귀를 뀌어도 모른 체하며 그것이 바로 그들의 에티켓이다. 우리네들처럼 "실례했습니다." 라는 말은 결코 하지 않는다.

서양인을 초대할 때의 에티켓

〔1〕초대장

무슨 초대장이든 그것은 10일 전쯤에 발송하며, 늦어도 1주일 전이 아니면 안 된다.

● 정식(定式) 초대장

① 높은 신분의 사람에게 보내는 정식 초대장은 반드시 3인칭으로 써야 하며, 동판(銅版)으로 인쇄하게 되어 있다. 그러므로, 활판(活版)은 안 된다.

② 초대장 종이의 크기는 가로 6인치×세로 4~5인치이며, 종이 색깔은 백색이 표준이다.

③ 초대장의 날짜는 미국인의 경우에는 철자(spell)로 쓴다. 그러나,

영국인 · 프랑스인이라면 아라비아 숫자로 쓴다.

④ 초대 당일의 복장을 지정한다. 그리고, 초대장 왼쪽 아래에는 ‘부디 답장을 주십시오’ 라는 뜻의 r.s.v.p.(Repondez, s’il vous Plait=Reply, if you please)라고 쓴다.

⑤ 초대장의 이름에는 주소를 덧붙이지 않고, 봉투에는 이름과 주소를 함께 쓴다. 봉투 역시 초대장과 마찬가지로 백색이 표준이다.

⑥ 정식 초대장의 보기는 다음과 같다.

정식 초대장의 예

Mr. and Mrs. Nam-sun Kim
  request the pleasure of Miss
  Merry Smith’s company at
  dinner on Wednesday the
  tenth of February ar six o’clock
Twenty Five An Kuk Dong

초대에 응할 경우

Miss Merry Smith
  accepts with pleasure Mr.and
  Mrs. Nam-sun Kim’s kind invitation to
  dinner on Wednesday the tenth of February
  ar six o’clock
Twenty Five An Kuk Dong

Miss Merry Smith
regrets that she is unable to accept
Mr. and Mrs. Nam-sun Kim's kind
invitation to dinner on Wednesday the
tenth of February at six o'clock
Twenty Five An Kuk Dong

● 약식(略式) 초대장

① 자기 집에 서양인을 초대하여 대접할 경우에는 초대장도 1인칭으로 쓰되, 인쇄하지 않고 직접 쓴다.

② 티 파티나 칵테일파티일 때에는 명함을 대용해도 무방한데, 명함의 왼쪽 아래에 날짜·시간·파티 종류 등을 써서 봉투에 넣어 보낸다.

③ 부부 동반 초대장을 보낼 때에는 이쪽 부인이 상대방 부인 앞으로 초대장을 보내는 것이 에티켓이다.

Dear Mrs. Johnson
Will you and Mr. Johnson dine with us on
Wednesday, the tenth of February at six o'clock?
We hope to have the pleasure of seeing you
Most sincerely
Nam-sun Kim

Dear Miss Kim
  It will give as great pleasure to dine with
you on Wednesday, the tenth, at six
o°Øclock
  We thank you for kind thought of us.
            Always sincerely,
                  Johnson

Dear Miss Kim
  We are so sorry that we shall be unable
to dine with you Wednesday on tenth because
of a previous engagement
            With many regrets
              Cordially yours,
                  Johnson

2. 옷차림

외국인을 정식(定式)으로 초대했을 때에는 주인측이 손님보다 좋은 옷차림을 하지 않는 것이 에티켓이다. 이것만 지킨다면 한식이든 양식이든 어떤 옷차림이라도 무방하다.

그리고, 약식(略式) 초대인 경우에는 약식 예복을 입게 된다. 그러나,

한옥에서 한국 요리를 대접할 때에는 남녀 모두 한복을 우아하게 차려 입으면 그들은 '원더풀!' 하며 매우 흡족해 할 것이다.

3. 현관에서의 에티켓

서양인을 우리네 집으로 초대했을 경우, 그들에게 우리 풍속을 따르 도록 해도싫어하지 않는다. 그러나, 그들 나름대로 몸에 밴 예의가 쉽 게 사라지는 것은 아니므로, 되도록 그들의 에티켓을 살려 주는 것이 좋겠다.

> **☞ 악수의 에티켓**
>
> 오늘날에는 남녀노소(男女老少)를 불문하고 악수부터 한다. 그러나, 이 악수에 도 에티켓이 있음을 알아야겠다.
>
> 첫째, 아랫사람이 윗사람보다 먼저 손을 내미는 것은 실례이다. 윗사람이 악 수하기를 원치 않을까봐 손을 늦게 내라는 것이 아니다. 어디까지나 윗사람을 존중한다는 의미에서 그렇게 하는 것이 좋다.
>
> 둘째, 상대방의 손을 잡되 따뜻하고도 부드럽게 잡는다. 너무 힘을 주는 것도, 너무 힘이 없는 것도 좋지 않다. 이때 형식적으로 손가락 부분만 잡게 되면 이 것은 실례이다.
>
> 셋째, 장갑을 끼었을 때에는 반드시 장갑을 벗고 악수하도록 한다. 상대는 맨 손인데 이쪽에서는 장갑을 끼고 악수하면 실례이다. 그러나, 여성은 파티에서 가벼운 손 장갑 또는 긴 팔 장갑을 끼었을 때에는 그대로 악수하는 편이 오히려 에티켓이다.
>
> 넷째, 악수하면서 고개를 숙이거나 허리를 굽히거나, 또는 두 손으로 상대방 의 손을 받들어 모시듯이 악수하는 것은 이제 없어져야 할 일이다.

● 구두와 외투·모자

서양인이 구두를 벗는 것은 침실에서뿐이지만, 우리네 가정이라면 현관에서 신을 벗도록 해야 된다. 이럴 때에는 Please take off your shoes(부디 신발을 벗어 주십시오.)라고 한다. 이 말의 포인트는 Please에 있으므로, 이 말을 반드시 붙이도록 한다.

특히, 서양 여성은 남의 집을 방문했을 경우, 외투를 잘 벗지 않는다. 그러므로, 이럴 때에는 Please give me your overcoat.(외투를 이리 주십시오.)라고 한다.

모자는 상대가 남성이라면 받아 주는 것이 좋다. 그러나, 여성은 모자를 쓴 채 객실로 앞장서서 안내하고, 객실에서 모자를 벗으려는 눈치를 보이면, Please leave your hat on, too.(모자도 그대로 쓰고 계십시오.)라고 한다.

4. 접대하는 방법

● 자리 준비

서양인을 반드시 양실(洋室)에서 접대해야 된다는 생각은 잘못이다. 그들은 양실보다는 한실(韓室)에서 한국식 요리를 대접받기를 더 좋아한다. 이국적(異國的)인 정취를 그들은 매우 좋아한다.

그러나, 그들의 습관상 온돌방에 쭈그리고 앉는 것은 고역일 터이므로, 온돌방이라도 테이블과 의자를 준비해 주는 것이 친절일 것이다.

● **요리**

이것 역시 순 한국식으로 마련하면 서양인들을 매우 즐거워한다. 그러나, 젓가락 사용에 서툰 서양인을 위해서는 포크 정도를 테이블에다 놓아 주면 만족해 한다.

한국 음식에 익숙치 않은 서양인들에겐 김치가 별미이긴 하지만, 아무래도 입에 딱 맞지는 않을 것이다. 그러므로, 김치나 다른 음식도 너무 맵거나 짜지 않게 장만한다.

서양인들에게 가장 환영받는 한국 음식은 아무래도 불고기이다. 그들에게 '즉석 불고기'를 대접하면 만사 OK이다.

● **차(茶)와 술**

서양인들은 우리의 인삼주를 매우 좋아한다. 그러나, 그들의 기호를 존중하여 위스키나 맥주도 함께 준비해 둔다면, 그들은 주인의 배려에 깊이 고마워할 것이다.

커피나 홍차(립톤)는 함부로 어느 한 가지를 내놓으면 안 된다. 이것은 반드시 두 가지를 함께 내놓은 후 Would you like tea or coffee?(홍차와 커피 중 어느 것을 드시겠습니까?)라고 해야 된다.

● **주부(主婦)의 서비스**

우리네 풍습으로는, 주부는 부엌에서 그저 음식 준비만 하는 것이 통하고 있다. 그러나, 서양인들은 그런 일을 이상하게 여긴다. 집 여주인이 직접 접대해 주는 것을 영광으로까지 여기고 있는 것이다.

그러므로, 주부는 호스테스의 역할을 해야 된다. 즉, 식탁에 같이 앉

아 대화하며 함께 식사도 하고, 또 음식을 권하기도 하는 것이 그들로
서는 에티켓인 것이다.

서양인을 방문할 때의 에티켓

1. 독신자(獨身者) 방문은 금물

미혼이든 기혼이든 서양 남성을 젊은 여성이 호텔이나 그의 아파트
로 방문하는 것은 큰 실례이므로 절대로 삼가야 한다. 이런 일은 그들
에게 있어서는 창녀(娼女) 나 하는 것으로 평가되기 때문이다.

그리고, 이 문제에 대해선 다음과 같은 점을 염두에 두어야 한다.

① 자기 형제·남편·아버지 등 남성 동반자가 있을 경우에는 방문
　 해도 무방하다.

② 상대 서양 남성이 어머니·자매·숙모·아내 등과 동거하고 있
　 을 때에는 방분해노 실례가 되지는 않는다.

③ 상대가 목사·시장(市長) 등과 같이 공인(公人)일 경우에도 혼자
　 방문은 실례가 되지 않는다.

④ 그러나, 상대가 기혼자라도 호텔 등에 단독 방문하는 것은 안
　 된다.

⑤ 그리고, 공적(公的)인 방문이라도 동반자와 함께 방문하는 것이 좋다.

2. 방문 약속

우리네 사정도 마찬가지이지만, 특히 서양인을 공적(公的)이든 사적
(私的)이든 방문할 때에는 미리 시간·장소·용건 등을 말하여 승낙을
받아야 하는 것이 에티켓이다.

만날 약속도 없었는데 불쑥 찾아가는 것은 그들에게 큰 실례이므로
반드시 사전에 약속을 하되, 특히 시간 약속을 어기면 안 된다. 그저
'오전에' 또는 '10시쯤'이라고 해서는 통하지 않는다. '오후 10시 정
각'과 같이 시각을 정확히 정하지 않으면 그들은 기다려 주질 않는다.

그리고, 용건도 분명히 밝혀야 된다. 그들은 '그저 심심해서' 정도로
는 사람을 만나 주지 않는다. 그러므로, 무엇 때문에 방문하고 싶다는
점을 확실히 해두어야 한다.

3. 옷차림

남성이든 여성이든 방문의 성격에 따라서 옷차림이 달라져야겠지
만, 평소의 방문일 경우, 남성은 신사복, 여성은 타운 드레스(원피스나
슈트 등)로 무난하다.

그러나, 그네들은 여성의 액세서리 하나에도, 또는 남성의 넥타이에
도 세심한 신경을 쓰므로, 되도록 특출한 것보다는 무난하고 안정감
있는 것을 택하는 것이 좋을 듯하다.

4. 현관에서의 에티켓

● 모자 · 외투와 구두

남성은 현관에 들어서기 전에 모자를 벗는 것이 에티켓이며, 여성은 모자를 쓴 채 그대로 있는 것이 풍습이다. 그리고, 외투도 모자의 경우와 같다.

그러나, 구두는 남성이든 여성이든 벗을 필요는 없다. 서양인의 습관으로는 침실에서만 구두를 벗기 때문이다. 그러므로, 복도 등이 아무리 깨끗하더라도 신을 벗을 필요는 없되, 현관 입구에 있는 매트에 구두 바닥을 깨끗이 비벼 닦아야 한다.

● 악수의 에티켓

아무리 반갑더라도 방문하는 사람이 먼저 손을 내밀면 실례이다.

그리고, 장갑을 끼었을 경우, 남성은 반드시 벗고 악수하게 되어 있으나, 여성은 장갑을 낀 채 악수하는 것이 그들의 습성이다.

서양인과 악수할 때 특히 주의해야 될 점은, 절대로 두 손으로, 또한 한 손을 받들어 올려 두 손으로 악수하지 말라는 것이다. 그리고, 악수히면서 허리를 굽힌다든지, 또는 고개를 끄떡이며 굽신거리는 행동을 해서는 안 된다. 서양인들로서는 '악수' 그 자체가 '인사' 이므로, 그런 행동을 하면 오히려 의아해 한다.

그리고, 반드시 오른손으로 악수한다. 왼손을 내밀면 서양 풍습으로는 '결투 신청' 을 의미하므로 조심할 일이다.

5. '미안하다'는 말의 남발도 금물

서양인에게 Excuse me.(미안합니다.)를 남발할 필요는 없다. 그들을 방문함에 있어서는 미리 '약속'이 되어 있는 것이므로, '미안하다'고 하면 그들은 오히려 의아해 한다.

그러나, 다음과 같은 경우에는 반드시 '미안하다'는 말을 해야 된다.

① 손수건을 입에 대지 않은 채 하품하거나 재채기·기침을 했을 때

② 상대방의 발을 밟았거나, 몸을 부딪쳤을 때

③ 식사 도중에 포크·나이프 등을 떨어뜨렸거나, 식기 부딪는 소리를 냈을 때.

④ 여성이 방에 들어오면 무조건 일어서게 되어 있는데, 어떤 사정으로 그러지를 못했을 때.

☺ 서양의 결혼기념일

❶ 지혼식(紙婚式) — 1주년

❷ 고혼식(高婚式) — 2주년

❸ 과혼식(菓婚式) — 3주년

❹ 혁혼식(革婚式) — 4주년

❺ 목혼식(木婚式) — 5주년

❻ 화혼식(花婚式) — 7주년

❼ 석혼식(錫婚式) — 10주년

❽ 마혼식(麻婚式) — 12주년

❾ 동혼식(銅婚式) = 수정혼식(水晶婚式) — 15주년

❿ 도혼식(陶婚式) — 20주년

⓫ 은혼식(銀婚式) — 25주년

⓬ 진주혼식(眞珠婚式) — 30주년

⓭ 산호혼식(珊瑚婚式) — 35주년

⓮ 녹옥혼식(綠玉婚式) — 40주년

⓯ 홍옥혼식(紅玉婚式) — 45주년

⓰ 금혼식(金婚式) — 50주년

⓱ 금강석혼식(金剛石婚式) — 60주년 또는 또는 75주년

그런데, 영국에서는 목·동·은·금·금강석혼식의 다섯 기념일을 치고, 미국에서는 75년 만에 다이아몬드혼식을 성대하게 지낸다.

---

6. 화장실에 가게 될 때

미국인에게라면 May I use your W.C.? (댁의 화장실을 사용해도 괜찮을까요?)라는 말은 통하지 않는다. 그들은 W.C.라는 말을 쓰지 않기 때문이다. 또, I want to wash my hands.(세면장에 가고 싶은데요.)도 에티켓에 맞지 않는 말이다.

정식의 말로서는 Excuse me, will you show me where the toilet is, please?(실례입니다만, 토일릿은 어디 있습니까?)이며, 약식으로는 Please show me where the toilet?이다.

그리고, 한두 번 방문해서 화장실의 위치를 알고 있다면, 그냥 Excuse me하고 조용히 그쪽으로 가면 된다.

7. 작별할 때의 에티켓

서양인을 방문했을 때 단 5분이라도 약속된 시간을 넘기면 실례이다. 그러므로, 우리식으로 "실례했습니다."는 자연히 필요 없는 말이 된다. 그들은 '실례' 지체를 미리 방지하고 있는 셈이다.

그러므로, 약속 시간이 다 되어 일어날 때에는 다음과 같이 말하면 그만이다.

I must go now.(이젠 돌아가야겠습니다.)

I'm sorry, but I really must go.

(서운하지만, 이제는 정말 가야겠군요.)

Oh, I have got to go home now.(오, 이젠 돌아가야겠군요.)

이런 말들은 관용어(慣用語)인데, 뒤에 다른 손님이 남을 때에도 그들에게 전부 작별 인사를 한다.

주인의 전송으로 현관까지 오되, 외투는 현관문을 나서기 전에 입는다. 그러나, 모자는 현관문을 나서기 전에 쓰지 말고, 모자를 왼손에 든 채 악수하며 작별 인사를 한다.

정식으로 하는 작별 인사는 Good Bye.이지만, 약식으로는 Bye. 또는 So long.이며, See you later.(다시 만납시다.)라고 해도 좋다.

아주 간단한 회화(會話)

요즘처럼 영어 회화 붐이 계속 인다면, 앞으로는 누구든 영미인(英美人)과 의사 소통을 하는 데에는 불편을 느끼지 않을 것이다.

그러나, 세계어(世界語)인 영미어(英美語)에 익숙하지 못한 사람이라도, 한두 단어만으로 의사를 소통할 수 있으므로, 여기에서는 그 간단한 회화를 소개하기로 한다. 서양인을 대하는 데에 참고하면 좋을 것이다.

1. 한 마디 회화

Beautiful!	참으로 아름답군요!
Big!	참으로 크군요!
Cheese.	자, 웃으세요.
	(사진 찍을 때의 표현)
Cold!	참으로 춥군요!
Come.	어서 오세요.
Embarrassing.	부끄럽습니다.
Fatty.	뚱뚱하군요.
Go.	가세요.
Happy?	행복하세요?
Here.	자, 여기.
Hot!	아주 덥군요!
How?	어떻게죠?
Hurry.	서두르세요.
Itchy.	가렵군요.
Me?	지 말씀입니까?
Never.	안 됩니다.
Nice!	멋있군요!
No.	그렇지 않아요.
No?	안 됩니까?
Now?	지금 말예요?

Quiet!	조용히!
Satisfied?	만족했어요?
Scared?	무서워요?
See?	알겠습니까?
Shorty.	키가 작군요.
Smile.	자, 웃어요.
Stop.	하지 마세요.
Tall.	키가 크군요.
There.	자, 저기.
Ticking	간지럽군요.
Wait.	기다리세요.
What?	무엇이라고요?
When?	언제죠?
Where?	어디죠?
Who?	누구죠?
Why?	왜죠?
Wonderful!	훌륭하군요!
Yes.	그래요.
You?	당신 말예요?

All right	잘 알았어요.
= I see.	
= I understand.	
Any questions?	뭔가 질문이 있어요?
Any reason?	무슨 이유가 있어요?
Be good.	점잖게 구세요.
Be quiet.	조용히 하세요.
Come along.	이리 오세요.
Come on.	힘내세요. 정신 차리세요.
Darn you.	바보로군요.
Dear me!	이젠 싫증났어요!
Don't laugh.	웃지 마세요.
Good idea.	좋은 생각이에요.
How come?	어째서죠?
How nice!	멋있군요!
How terrible!	지독하군요!
Hurry up.	빨리 빨리.
No reason.	별 이유는 없어요.
No sweat.	염려 마세요.
= Don't worry	
Not now.	지금이 아녜요.

Not yet.　　　　　아직 안 되었어요.

Oh, boy!　　　　아, 대단하군!

Oh, yes.　　　　아, 그러죠

One monet.　　　잠깐 기다리세요.

See you.　　　　다시 뵙죠.

Shut up.　　　　입 다물어.

So domb.　　　　그렇게 바보같이.

So early?　　　　그렇게 빨리?(시간적으로)

So expensive?　　그렇게 비싸요?

So fast?　　　　그렇게 빨리?(속도적으로)

So late?　　　　그렇게 늦게?

So long.　　　　안녕.

So much?　　　　그렇게 많이?

So often?　　　　그렇게 여러 번이나?

So what?　　　　그게 어떻게 됐죠?

Tell me.　　　　가르쳐 주세요.

Terrible weather!　고약한 날씨로군요!

This wat.　　　　이쪽으로 오세요.

Too late.　　　　너무 늦었어요.

Too much　　　　너무 많아요.

Two, please　　　두 개 주세요.

Very smart　　　두뇌가 매우 좋군요.

Wait here.　　　여기서 기다리세요.

Well done!	잘했어요!
What's that?	(저건) 뭐죠?
Why so?	왜 그렇죠?
You go?	가겠어요?
You lose.	당신이 졌어요.
You win.	당신이 이겼어요.

3. 세 마디 회화

Are you listening?	듣고 있어요?
Are you okay?	괜찮습니까?
Can I help?	뭐든 도울 수 있을까요?
Dont' be angry.	화내지 마세요.
Dont' ne late.	늦지 않도록 하세요.
Dont' bother me.	염려 마세요.
Dont' call me.	전화하지 마세요.
Dont' give up	포기하지 말고 용기내세요.
Dont' tell me.	말하지 마세요.
Do you know?	알고 있어요?
How about that?	어때요?
How is she?	그녀가 좋아요?
I don't know	몰라요.

I hate it.	그런 말은 싫어요.
I like it.	마음에 들어요.
I mean it.	정말이에요.
I miss you.	당신이 없어 쓸쓸해요.
I tell you	사실을 애기하면.
I told her.	난 그녀에게 애기했어요.
I was thinking.	좀 생각하고 있어요.
I'll call you.	내가 전화하죠.
I'll tell you.	가르쳐 드리죠.
I'm just going.	지금 막 외출하려던 참예요.
I'm not angry.	화내진 않겠어요.
Just answer me.	내 물음에 대답해요.
Might be good.	좋을지도 몰라요.
= May be good.	
Not go cheap.	그렇게 싸진 않아요.
Not so good.	별로 좋지는 않아요.
Not too bad.	그렇게 나쁘진 않아요.
Not too expensive.	그렇게 비싸진 않아요.
Oh, it's you.	아, 당신이로군요.
Please come in.	어서 들어오세요.
Please sit down.	앉으세요.
So long them.	그럼, 안녕
Thanks for calling.	전화 주셔서 고마워요.

Thanks for coming.   찾아 주셔서 고마워요.

That's your trouble.   그건 당신 문제예요.

Turn it on.(미국)   스위치를 넣어 주세요.

   =Switch on.(영국)

What is it?   도대체 무슨 얘기죠?

What's your opinion?   당신 의견은 어때요?

Yes, of course.   예, 물론이죠.

You know that.   당신은 알고 있어요.

You mean Kim?   김씨 일 말예요?

부 록

테이블 스피치에 필요한 금언 · 명구

셰익스피어

"행동이 연설이다."

퀸틸리아누스

"가장 훌륭한 연설가는 '데모스테네스'이며, 가장 힘찬 연설을 만드는 것은 흉금이다.

B.존슨

"지껄이는 것과 연설은 같지 않다. 바보는 지껄이지만, 현명한 자는 이야기할 따름이다.

J.밀턴

"노래는 감정을, 연설은 심령을 위로한다."

R.비처

"연설은 불이 된 논리다."

호멧트리

"연설은 명료하게, 격렬하게, 그리고 쾌활하게 그 의의를 진술하는

데 있다.

F.D. 라로슈푸코

"참된 연설이란 필요한 말을 빼놓지 않고 다 하는 동시에 필요하지 않은 말을 하나도 하지 않는 데 있다."

W. 부스

"연설의 비결은 첫째 열성, 둘째 열성, 셋째 열성, 다만 열성이 있는 곳에만 참다운 연설이 있다."

R.W. 에머슨

"세계의 대연설가는 모두 엄숙한 인물들이다."

"연설이란 네가 말하는 사람에게 진실을 완전하게 쉬운 말로 번역하는 침이다."

마코레

"연설가의 목적은 진실을 말하는 것이 아니고, 설득하는 데 있다.

O.G. 스미드

"무언의 연설은 참되고 진지한 웅변이다."

H.하이네

"말, 그것으로 인하여 죽은 이를 무덤에서 불러내고, 산 자를 묻을 수도 있다.

말, 그것으로 인하여 소인을 거인으로 만들고, 거인을 철저하게 두드려 없앨 수도 있다.”

L.N. 톨스토이

“사람이 깊은 지혜를 가지고 있으면 있을수록 자기의 생각을 나타내는 그의 말은 더욱 더 단순하게 되는 것이다. 말은 사상의 표현이다.”

공자

“평생 선을 행해도, 한 마디 말의 잘못으로 이를 깨뜨린다.”

논어

“새가 장차 죽으려 함에 그 울음이 슬프고, 사람이 장차 죽으려 함에 그 말이 착하다.”

노자

“진실한 말은 아름답지 않고, 아름다운 말은 더럽지 않다.”

영국 격언

“눈은 둘, 귀도 둘, 입은 다만 하나이니, 많이 보고 많이 듣고, 그리고 조금만 떠들어라.”

독일 격언

“고기는 낚시 바늘로서 잡고, 사람은 말로서 잡는다.”

에디슨

“천재란 1퍼센트의 영감과 99퍼센트의 땀(노력)이다.”

아리스토텔레스

“현자는 고통이 없는 것을 추구하고, 쾌락을 추구하지 않는다.”

워즈워드

“남자다운 독립, 남자다운 신뢰, 남자다운 자신, 그리고 남자다운 복종, 이 네 가지가 진정한 남자를 만드는 요소이다.”

마틴 루터

“희망은 강한 용기이며, 새로운 의지이다.”

실러

“태양이 빛나는 한 희망도 또한 빛난다.”

도스토예프스키

“인생에 있어서 무엇보다도 어려운 것은 거짓말을 않고 사는 것이다. 그리고 자신의 거짓말을 믿지 않는 것이다.”

푸시킨

“인간은 돈을 상대로 사는 것이 아니다. 인간의 상대는 항상 인간이다.”

레오날드 세파

"인간 최대의 행복은 희망을 갖는 데 있다."

게레르트

"지혜의 첫걸음은 자신의 어리석음을 깨닫는 것이다."

루소

"인내(忍耐)는 쓰고, 그 열매는 달다."

디스레리

"어떠한 교육(敎育)도 역경(逆境)만한 것이 없다."

독일 속담

"진정한 친구를 갖지 못한 사람은 그 일생을 절반밖에 맛보지 못한 셈이다."

엣센 밧하

"당신의 꿈이 한 번도 실현되지 않았다고 슬퍼하지 말라. 진실로 슬퍼해야 할 자는 한 번도 꿈을 가져보지 못한 자이다."

뷰흔

"정신이 늘 육체의 요구를 이겨 나가야 한다. 많이 참을수록 그대에게 덕이 있는 것이다. 천재란 보통 이상의 참을성을 가진 자에 불과하다."

도스토예프스키

"인간은 무엇으로도 될 수 있는 동물이다. 무슨 일에든 익숙해질 수 있는 존재이다."

셸리

"겨울이 오면, 봄은 멀지 않다."

노자

"아는 사람은 말하지 않고, 말하는 사람은 알지 못한다."

루소

"교육의 목적은 기계를 만드는 것이 아니라, 인간을 만드는 것이다"

데카르트

"모든 좋은 책을 읽는다는 것은, 과거의 가장 뛰어난 사람들과 대화를 교환하는 것과 같다."

톨스토이

"종교가 없는 사람은 심장이 없는 사람이다."

헬렌 켈러

"희망은 사람을 성공으로 이끄는 신앙이다. 희망이 없으면 아무 일도 성취되지 않는다."

골드 스미스

"우리의 최대의 영광은 한 번도 실패하지 않음이 아니라, 넘어질 때마다 다시 일어나는 데에 있다."

프랑스 속담

"술과 테이블은 친구를 만들지만, 또한 친구를 잃는 경우도 있다."

논어

"자리가 바르지 않으면 앉지 않는다."

아리스토텔레스

"국가의 운명은 청년들의 교육에 달려 있다."

에머슨

"아름다운 모습은 아름다운 얼굴보다 낫고, 아름다운 행동은 아름다운 모습보다 낫다."

위고

"검이 붓을 죽이지 않는다면, 붓으로써 검을 죽이지 않는다."

풀먼

"일은 인생을 유쾌하게 한다."

시세로

"방안에 책이 없으면, 몸에 정신이 없는 것과 같다."

* 눈이 보이지 않는 것보다는, 마음이 보이지 않는 쪽이 더 두렵다.
* 하느님이 최초의 여자를 남자의 머리로 만들지 않았던 이유는, 남자를 지배해서는 안 되기 때문이다. 그리고 발로 만들지 않았던 것도, 그의 노예가 되어서는 안 되기 때문이다. 갈비뼈로 만든 것은 여자가 언제나 그의 마음 가까이에 있을 수 있도록 하기 위해서이다.
* 악마가 사람을 방문하기에 너무 바쁠 때에는, 자기 대신으로 술을 보낸다.
* 한 개의 촛불로써 많은 촛불에 불을 붙여도 처음의 빛은 약해지지 않는다.
* 포도주는 새 술일 때에는 포도와 같은 맛이 난다. 그러나 오래되면 오래될수록 맛이 좋아진다. 지혜도 이 포도주와 똑같다. 해를 거듭할수록 지혜는 빛을 더한다.
* 아내를 고를 때에는 한 계단 내려가고, 벗을 고를 때에는 한 계단 올라가라.
* 향수 가게에 들어가서 향수를 사지 않아도, 나올 때에는 향기가 풍긴다. 가죽 가게에 들어가서 가죽을 사지 않아도, 나올 때에는 매우 나쁜 냄새가 몸에 옮겨 온다.
* 만난 사람 모두에게서 무언가를 배울 수 있는 사람이 세상에서 가장 현명하다.

성공하는 리더의 생활 에티켓

발행일 | 2008년 9월 30일
편저자 | 모윤숙
발행자 | 남 용
발행소 | 일신서적출판사
주 소 | 서울시 마포구 신수동 177-3
등 록 | 1969. 9. 12 NO.10-70
전 화 | 02) 703-3001~5 (영업부)
          02) 703-3006~7 (편집부)
F A X | 02) 703-3009